초등 영어 교과서에서 뽑은 필수 회화 표현
40개 주제, 구문 표현부터 억양 연습까지

우수 어린이도서

Let's play!

가장 쉬운
초등 영어 회화

Just practice!

따라쓰기

주선이 지음

★★★
**40일
완성**

동양북스

저자 **주선이**

영어교육과 스토리텔링을 전공하고, (주)대교, (주)엔엑스씨(NXC), (주)캐치잇플레이 등에서 근무했다.
학습자들이 쉽고 재미있게 영어를 배울 수 있도록 다수의 영어 교재를 집필하고 온라인 영어 프로그램 개발 및
애니메이션 개발에도 참여했다. 모바일 학습앱 '캐치잇 잉글리시'와 유아용 교실영어 '플라잉'을 개발했다.
대표 저서로 『기적의 사이트 워드』, 『기적의 영어문장 만들기』, 『기적의 동사 변화 트레이닝』, 『기적의 영어문장 트레이닝』,
『초등 영어를 결정하는 파닉스』, 『가장 쉬운 초등 영어일기 따라쓰기 30일 완성』 등이 있다.

가장 쉬운
초등 영어회화
따라쓰기 (40일 완성)

초판 1쇄 발행 2021년 9월 30일
초판 3쇄 발행 2022년 12월 10일

지은이 | 주선이
발행인 | 김태웅
마케팅 총괄 | 나재승
제작 | 현대순
기획편집 | 이지혜
디자인 | MOON-C design
원어민 감수 | Michael A. Putlack

발행처 | (주) 동양북스
등록 | 제 2014-000055호(2014년 2월 7일)
주소 | 서울시 마포구 동교로 22길 14 (04030)
구입 문의 | 전화 (02)337-1737
           팩스 (02)334-6624

ISBN 979-11-5768-736-7   63740

『가장 쉬운 초등영어회화 따라쓰기』는 초등 영어 교과과정에서 다루는 의사소통 표현을 중심으로 기초 회화 패턴을 익혀 자신감과 응용력을 키우는 것을 목표로 합니다.

첫 회화 학습은 글자로만 익혀서는 안 됩니다. 발음과 억양 훈련이 우선되어야 합니다. 영어는 음악처럼 리듬과 강약이 있는 언어입니다. 특히, 말의 높고 낮음과 길고 짧음을 나타내는 억양 Intonation을 통해 상대방 말이 끝이 났는지, 묻는 말인지 판단할 수도 있습니다. 처음 영어를 배울 때 발음과 억양을 동시에 훈련하면 영어가 쉽게 느껴지고, 재미있어지고, 자신감을 얻게 됩니다. 또한 영어 억양 패턴이 습관화되면 감정 표현도 자연스럽고, 영어가 부드럽고 유창해질 것입니다.

또한 회화는 생각하지 않고 바로 입으로 툭 나올 수 있어야 합니다. 이를 위해 본 책에서는 먼저 ① 우리말과 그림으로 상황을 이해시키고, ② 한 문장으로 충분히 연습한 뒤에, ③ 질문 또는 대답 위주 대화문을 단계적으로 다룹니다. 이 과정에서 자연스럽게 영어 문장의 구조도 익히고, 회화에서 가장 많이 쓰이는 단어 high frequency words를 배우게 될 것입니다.

회화 표현을 배운 후에는 다양한 콘텐츠 학습으로 확장해 보세요. 본 책에서 배운 표현들은 온라인에서 다양한 영상이나 애니메이션, 영어 노래, 영어 동화책에서도 쉽게 찾아볼 수 있습니다.

부디 이 책을 통해 우리 아이들이 낯설고 어려워 보이던 영어 회화의 첫 문을 열어보고, 자신감을 얻고 그 즐거움을 누리는 계기가 되었으면 합니다.

저자 주선이

목 차

학습계획표

오늘의 학습	학습한 날	오늘의 학습	학습한 날
DAY 01	___월 ___일	DAY 21	___월 ___일
DAY 02	___월 ___일	DAY 22	___월 ___일
DAY 03	___월 ___일	DAY 23	___월 ___일
DAY 04	___월 ___일	DAY 24	___월 ___일
REVIEW 1		DAY 25	___월 ___일
DAY 05	___월 ___일	REVIEW 6	
DAY 06	___월 ___일	DAY 26	___월 ___일
DAY 07	___월 ___일	DAY 27	___월 ___일
DAY 08	___월 ___일	DAY 28	___월 ___일
REVIEW 2		DAY 29	___월 ___일
DAY 09	___월 ___일	DAY 30	___월 ___일
DAY 10	___월 ___일	REVIEW 7	
DAY 11	___월 ___일	CONVERSATION 2	
DAY 12	___월 ___일	DAY 31	___월 ___일
REVIEW 3		DAY 32	___월 ___일
DAY 13	___월 ___일	DAY 33	___월 ___일
DAY 14	___월 ___일	DAY 34	___월 ___일
DAY 15	___월 ___일	DAY 35	___월 ___일
DAY 16	___월 ___일	REVIEW 8	
REVIEW 4		DAY 36	___월 ___일
DAY 17	___월 ___일	DAY 37	___월 ___일
DAY 18	___월 ___일	DAY 38	___월 ___일
DAY 19	___월 ___일	DAY 39	___월 ___일
DAY 20	___월 ___일	DAY 40	___월 ___일
REVIEW 5		REVIEW 9	
CONVERSATION 1		CONVERSATION 3	

* REVIEW와 CONVERSATION은 학습의 날을 정해서 공부해도 좋고, DAY 학습할 때 함께 학습해도 좋습니다.

이 책의 구성

초등 영어 필수 회화 표현을 한 권으로 총정리

초등학교에서 배우는 필수 의사소통 표현을 한 권에 담았습니다.
학교 영어 대비는 물론 기초 회화 말하기 및 문장 쓰기 능력의 기본 바탕을 다져보세요.

+ PART 1 | 한문장으로 말하기

STEP 1 회화 표현 배우기 → **STEP 2** 회화 표현 연습하기 → **STEP 3** 회화 표현 확인하기

STEP 1 핵심 문장을 보고 들으면서 문장 구성과 예문을 학습합니다.

STEP 2 핵심 문장을 천천히 따라 씁니다. 이때 단순 쓰기 활동이 되지 않도록 원어민 음원을 들으며 따라 말해 보세요. 소리 내어 연습하면 학습효과가 더욱 좋습니다.

STEP 3 학습한 문장을 마무리합니다.

+ PART 2 | 묻고 답하기 1 (답 위주)   + PART 3 | 묻고 답하기 2 (질문 위주)

STEP 1 회화 표현 배우기 → **STEP 2** 회화 표현 연습하기 → **STEP 3** 회화 표현 확장하기

STEP 1 오늘의 회화표현을 익힌 후, 문장 구성과 예문을 학습합니다.

STEP 2 대화문을 천천히 따라 쓰면서 핵심 패턴을 학습합니다. 원어민 음원을 들으면서 따라 말해 보세요.

STEP 3 대표 문장 외에 다양한 문장을 학습하며 응용력을 키웁니다.

+ REVIEW

복습을 통한 반복으로 더 오래 기억할 수 있습니다.

+ CONVERSATION

회화를 시작하거나 이어가는 짧은 표현이나 답변을 모아서 배웁니다.

Part 1

한 문장으로 말하기

영어 말하기를 배울 때 기억하세요!

1️⃣ 먼저 듣고 그대로 따라 읽어 보세요.

2️⃣ 단어의 발음, 강세를 함께 익혀 보세요.

　　happy [hǽpi]는 [해-피]가 아니라 [**해**-피]라고

　　ha[hǽ]에 강세를 주고 읽어요.

3️⃣ 문장 끝을 올리는지, 내리는지 주의하세요.

　　 I'm happy.

 영어로 문장을 쓸 때 주의하세요!

1️⃣ 첫 글자를 항상 대문자로 써요. : 문장의 시작을 알려요.

　　this is my father. (X)

　　This is my father. (O)

2️⃣ I(나는)는 항상 대문자로 써요.

　　i'm happy. (X)

　　I'm happy. (O)

3️⃣ 문장 끝에는 꼭 문장 부호를 써요. : 문장의 끝을 알려요.

　　She's my mother (X)

　　She's my mother. (O)

I'm Minji.

● 자기 소개하기

오늘의 단어

I 나는

am ~이다(I와 같이 써요)

✓ **회화 표현 배우기** 🔊 잘 듣고 큰 소리로 따라 읽어 보세요. ✔ ☐ ☐

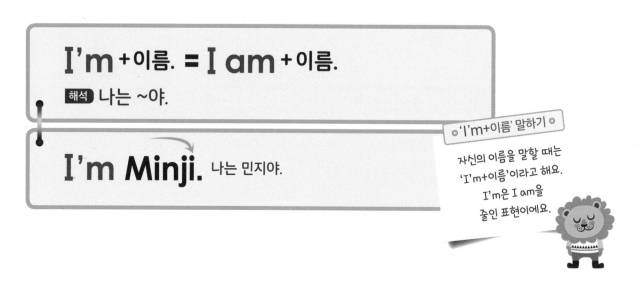

I'm + 이름. = I am + 이름.

해석 나는 ~야.

I'm Minji. 나는 민지야.

◎ 'I'm+이름' 말하기 ◎

자신의 이름을 말할 때는
'I'm+이름'이라고 해요.
I'm은 I am을
줄인 표현이에요.

확인하기 단어를 순서대로 써 보세요.

| Minji. | I | am |

I'm + Bomi Jack Amy .

* I(나, 저)와 이름의 첫 글자는 항상 대문자로 써야 해요.

1 나는 보미야.

.... Bomi.

2 나는 잭이야.

.... Jack.

3 나는 에이미야.

.... Amy.

회화 표현 확인하기 우리말과 같은 뜻이 되도록 문장을 완성해 보세요.

1 나는 에이미야.

2 나는 잭이야.

3 나는 보미야.

I'm happy.

● 감정/상태 표현하기

오늘의 단어

happy 행복한, 기쁜
sad 슬픈
angry 화가 난
surprised 놀란

✓ 회화 표현 배우기 🔊 잘 듣고 큰 소리로 따라 읽어 보세요.

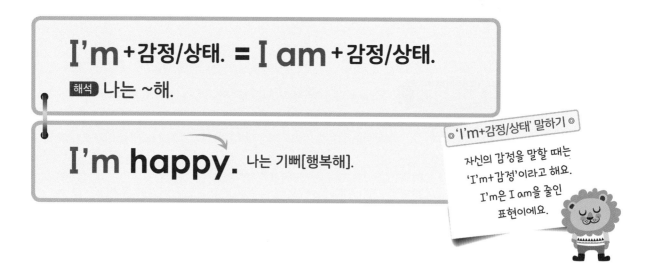

I'm + 감정/상태. = I am + 감정/상태.

해석 나는 ~해.

I'm happy. 나는 기뻐[행복해].

◎ 'I'm+감정/상태' 말하기 ◎

자신의 감정을 말할 때는
'I'm+감정'이라고 해요.
I'm은 I am을 줄인
표현이에요.

확인하기 단어를 순서대로 써 보세요.

am   happy.   I

I'm + sad angry surprised .

* 문장 끝에는 꼭 마침표나 물음표와 같은 문장 부호를 써야 해요.

① 나는 슬퍼.

sad.

② 나는 화나.

angry.

③ 나는 놀랐어.

surprised.

✅ 회화 표현 확인하기 우리말과 같은 뜻이 되도록 문장을 완성해 보세요.

① 나는 놀랐어.

② 나는 화나.

③ 나는 슬퍼.

I'm not tired.

● 감정/상태 부정하기

오늘의 단어

not ~아니다
tired 피곤한
busy 바쁜
hungry 배고픈
cold 추운

나 피곤해.

나는 안 피곤해.

✓ **회화 표현 배우기** 🔊 잘 듣고 큰 소리로 따라 읽어 보세요.

I'm +감정/상태. ↔ I'm not +감정/상태.

해석 나는 ~해. 나는 안 ~해.

◎ 'I'm not+감정/상태'
말하기 ◎
자신의 감정/상태를 부정할
때는 'I'm not+감정/상태'
라고 해요.
I'm not은 I am not을
줄인 표현이에요.

I'm not tired. 나는 안 피곤해.

확인하기 단어를 순서대로 써 보세요.

not	tired.	I	am

I'm not + busy hungry cold .

* not은 am 뒤에 써야 해요.

① 나는 안 바빠.
.... busy.

② 나는 배가 안 고파.
.... hungry.

③ 나는 안 추워.
.... cold.

회화 표현 확인하기 우리말과 같은 뜻이 되도록 문장을 완성해 보세요.

❶ 나는 안 바빠.

❷ 나는 안 추워.

❸ 나는 배가 안 고파.

It's fun.

재미있어.

신나.

오늘의 단어

it 그것
fun 재미있는
exciting 신나는
boring 지루한
scary 겁이 나는

✓ 회화 표현 배우기 🔊 잘 듣고 큰 소리로 따라 읽어 보세요.

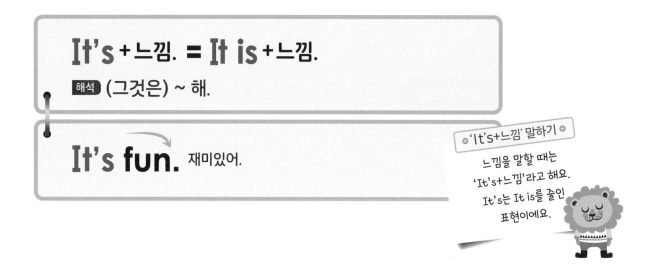

It's + 느낌. = **It is** + 느낌.

해석 (그것은) ~ 해.

It's fun. 재미있어.

◎ 'It's+느낌' 말하기 ◎

느낌을 말할 때는
'It's+느낌'라고 해요.
It's는 It is를 줄인
표현이에요.

확인하기 단어를 순서대로 써 보세요.

| fun. | is | It |

_____

_____

✓ 회화 표현 연습하기 🔊 빈칸에 **It's**를 쓰고, 문장을 들으며 읽어 보세요.

It's + exciting / boring / scary .

1 신나.
_____ exciting.

2 지루해.
_____ boring.

3 무서워.
_____ scary.

✓ 회화 표현 확인하기 우리말과 같은 뜻이 되도록 문장을 완성해 보세요.

1 지루해.

2 무서워.

3 신나.

REVIEW 1

A 우리말과 일치하는 표현을 찾아 연결하세요.

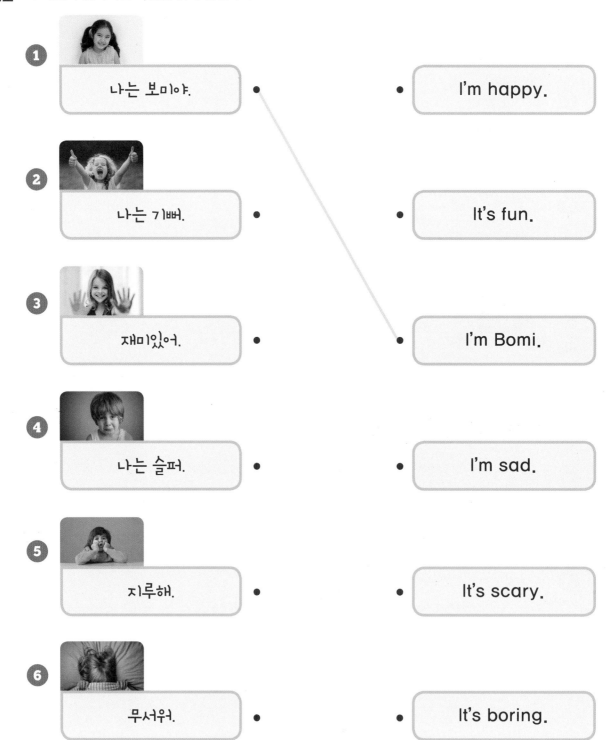

1 나는 보미야. •

2 나는 기뻐. •

3 재미있어. •

4 나는 슬퍼. •

5 지루해. •

6 무서워. •

• I'm happy.

• It's fun.

• I'm Bomi.

• I'm sad.

• It's scary.

• It's boring.

B 필요한 단어를 선택하여 문장을 완성해 보세요.

I'm + not + | Jack | tired | busy |
| surprised | angry | cold |

.

① 나는 안 추워.

② 나는 놀랐어.

③ 나는 안 바빠.

④ 나는 안 피곤해.

⑤ 나는 잭이야.

⑥ 나는 화나.

It's big.

● 크기/길이 묘사하기

와우! 진짜 커!

와우! 길어!

오늘의 단어

big 큰
small 작은
long 긴
short 짧은

✓ **회화 표현 배우기** 🔊 잘 듣고 큰 소리로 따라 읽어 보세요.

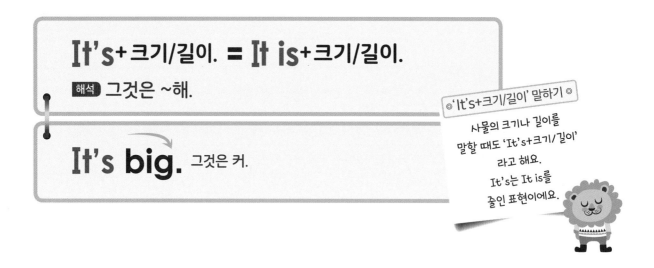

It's+크기/길이. = It is+크기/길이.

해석 그것은 ~해.

It's big. 그것은 커.

◎ 'It's+크기/길이' 말하기 ◎
사물의 크기나 길이를
말할 때도 'It's+크기/길이'
라고 해요.
It's는 It is를
줄인 표현이에요.

확인하기 단어를 순서대로 써 보세요.

It   big.   is

✅ 회화 표현 연습하기 🔊 빈칸에 **It's**를 쓰고, 문장을 들으며 읽어 보세요.

It's + small | long | short .

1 그것은 작아.
small.

2 그것은 길어.
long.

3 그것은 짧아.
short.

✅ 회화 표현 확인하기 우리말과 같은 뜻이 되도록 문장을 완성해 보세요.

1 그것은 작아.

2 그것은 짧아.

3 그것은 길어.

He's tall.

● 외모 묘사하기

오늘의 단어

오늘의 단어

he 그
she 그녀
tall 키가 큰
short 키가 작은
pretty 예쁜
cute 귀여운

그녀는 귀여워!

그는 키가 커!

✓ **회화 표현 배우기** 🔊)) 잘 듣고 큰 소리로 따라 읽어 보세요. ■ ■ ■

He's +외모. = **He is** +외모. 그는 ~해.
She's +외모. = **She is** +외모. 그녀는 ~해.

He's tall. 그는 키가 커.
She's tall. 그녀는 키가 커.

◎ 'He's/She's+
외모' 말하기 ◎

외모를 묘사할 때 남자는
'He's+외모', 여자는
'She's+외모'라고 해요.
He's는 He is를,
She's는 She is를 줄인
표현이에요.

확인하기 단어를 순서대로 써 보세요.

| is | tall | He |

He's
She's + short pretty cute .

1 그는 키가 작아.

short.

2 그녀는 예뻐.

pretty.

3 그녀는 귀여워.

cute.

✅ **회화 표현 확인하기** 우리말과 같은 뜻이 되도록 문장을 완성해 보세요.

1 그녀는 귀여워.

2 그녀는 예뻐.

3 그는 키가 작아.

DAY 07

This is my father.

이분은 우리 어머니셔.

이분은 우리 아버지셔.

오늘의 단어

this 이분, 이쪽
my 나의
father 아버지
mother 어머니
friend 친구
teacher 선생님

✓ **회화 표현 배우기** 🔊 잘 듣고 큰 소리로 따라 읽어 보세요.

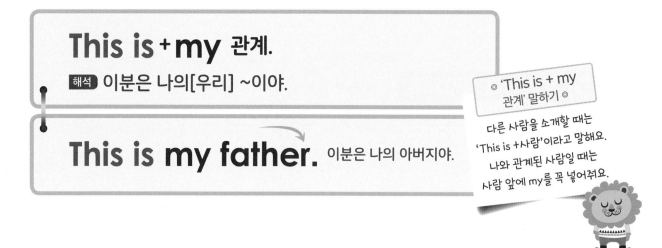

This is + my 관계.

해석 이분은 나의[우리] ~이야.

This is my father. 이분은 나의 아버지야.

◎ 'This is + my 관계' 말하기 ◎

다른 사람을 소개할 때는 'This is +사람'이라고 말해요. 나와 관계된 사람일 때는 사람 앞에 my를 꼭 넣어줘요.

확인하기 단어를 순서대로 써 보세요.

| is | my | This | father. |

This is + my mother · my friend · my teacher · .

* This is는 줄여서 쓰지 않아요.

1. 이분은 나의 어머니이야.
　　　　　　　my mother.

2. 이쪽은 내 친구야.
　　　　　　　my friend.

3. 이분은 나의 선생님이야.
　　　　　　　my teacher.

✅ 회화 표현 확인하기 우리말과 같은 뜻이 되도록 문장을 완성해 보세요.

1 이분은 나의 선생님이야.

2 이분은 나의 어머니야.

3 이쪽은 내 친구야.

He's a cook.

아빠는
요리사야.

엄마는
소방관이야.

오늘의 단어

cook 요리사
nurse 간호사
vet 수의사
designer 디자이너

✓ **회화 표현 배우기** 🔊 잘 듣고 큰 소리로 따라 읽어 보세요.

> **He's** + 직업. = **He is** + 직업. 그는 ~야.
> **She's** + 직업. = **She is** + 직업. 그녀는 ~야.

> **He's a cook.** 그는 요리사야.
> **She's a cook.** 그녀는 요리사야.

◎ 'He's/She's+
직업' 말하기 ◎

다른 사람의 직업을 말할 때는
남자는 'He's+직업',
여자는 'She's+직업'
이라고 해요.

확인하기 단어를 순서대로 써 보세요.

| is | a cook. | He |

| He's She's | + | a nurse | a vet | a designer | . |

*직업을 나타내는 단어 앞에는 집단의 일원임을 나타내는 a나 an을 써요.

1 그는 간호사야.
_____
a nurse.

2 그녀는 수의사야.
_____
a vet.

3 그녀는 디자이너야.
_____
a designer.

✅ **회화 표현 확인하기** 우리말과 같은 뜻이 되도록 문장을 완성해 보세요.

1 그는 간호사야.
_____
_____
_____

2 그녀는 디자이너야.
_____
_____
_____

3 그녀는 수의사야.
_____
_____
_____

A 우리말과 일치하는 표현을 찾아 연결하세요.

1
   그것은 커. •

   • It's small.

2 그것은 작아. •

   • He's tall.

3 그는 키가 커. •

   • It's big.

4 그는 요리사야. •

   • She's pretty.

5 그는 간호사야. •

   • He's a cook.

6 그녀는 예뻐. •

   • He's a nurse.

꿈을 현실로 만드는

매일매일
알찬 학습

동양북스 초등 시리즈가
함께 해 드립니다!

📖 동양북스   문의 02-337-1737   팩스 02-334-6624
www.dongyangbooks.com

초등 영어

가장 쉬운
알파벳 쓰기

하루 한 장의 기적

알파벳을 가장 쉽고
빠르게 완성

가장 쉬운
영어 발음기호

하루 한 장의 기적

발음기호를 가장 쉽고
빠르게 완성

가장 쉬운
초등 필수 파닉스

하루 한 장의 기적

초등 영어 교과서
파닉스 한 권으로 완성

가장 쉬운
초등 필수 파닉스 실전 연습

하루 한 장의 기적

영어 읽기에
자신감을 키워주는

가장 쉬운
초등 필수 사이트 워드

하루 한 장의 기적

보는 순간 바로
읽어내는 미국 초등
과정 필수 200단어

가장 쉬운
초등 필수 영단어

하루 한 장의 기적

초등 필수 영단어
한권으로 끝!

가장 쉬운
초등 영단어 따라쓰기

하루 한 장의 기적

교육부 권장
초등 필수 어휘
한권으로 완성

초등 영문법
이것만 하면 된다 1,2

영어를 시작하는
학생을 위한
최고의 문법책

초등 한자

초등 공부력 강화 프로젝트
슈퍼파워 그림한자 123 (8~7급)

그림 연상 학습법으로
초등한자와 7급까지
한번에 배우기

가장 쉬운
초등 한자 따라쓰기 (8~6급)

하루 한 장의 기적

교육부 권장
초등 필수 한자 완성

가장 쉬운
어린이 중국어 1,2,3,4,5

학습용 DVD+
워크북+활동자료
+바로듣기까지
한권으로 알차게
담은 처음 중국어

가장 쉬운 초등
고사성어 따라쓰기

하루 한 장의 기적

한자공부는 덤!
초등학생이 꼭
알아야 할 고사성어

가장 쉬운 초등
사자소학 따라쓰기

하루 한 장의 기적

우리아이를 위한
인성교육 교과서

우리말 어휘력을 키워주는
국어 속 한자 1,2,3

BEST

하루 한 장의 기적

우리말 어휘의 70%를
차지하는 한자어 학습
외우지 않아도 저절로 이해되는
통합 한자 학습 프로그램

초등 단행본

분수가 풀리고 도형이 보이는
수학 이야기

분수와
도형에 대한
1일 1주제
수학 과외 이야기

준비물이 필요 없는
생활 속 수학 레시피 36

일상 곳곳에서
수 감각을 일깨우는
생활 밀착형
수학 트레이닝

너는
왜 그렇게 푸니?

창의적인
수학 문제 풀이의
세계 경험

하브루타
독서의 기적

스스로 생각하는
아이로 자라는
'하브루타 독서법'

우주를
품은 아이

NASA 연구원 아빠와
엉뚱한 딸의
우주이야기

사계절
곤충 탐구 수첩

우연히 주운
곤충학자 수첩과
매일매일 즐거운
곤충 탐구!

가장 쉬운 독학
예쁜 손글씨

악필 교정!
나만의 바른 손글씨
만들기

B 각 두 단어 중 선택한 뒤 문장을 직접 써 보세요.

1 그녀는 수의사야.

| It's | a | vet. |
| She's | my | long. |

_____

2 그녀는 디자이너야.

| She's | my | mother. |
| He's | a | designer. |

_____

3 이쪽은 내 친구야.

| This | am | my | cook. |
| It | is | a | friend. |

_____

4 이분은 나의 아버지야.

| He | am | not | father. |
| This | is | my | short. |

_____

I like chicken.

나는 피자가 좋아.

나는 치킨이 좋아.

오늘의 단어

like 좋아하다
chicken 치킨
orange 오렌지
salad 샐러드
pizza 피자

✓ **회화 표현 배우기** ◀)) 잘 듣고 큰 소리로 따라 읽어 보세요.

I like + 음식.

해석 나는 ~좋아.

I like chicken. 나는 치킨이 좋아.

◎ 'I like+음식' 말하기 ◎

내가 좋아하는 음식을
말할 때는 'I like+음식'이라
고 말해요. 음식 외에도
좋아하는 것을 말할 때
I like로 말하면 돼요.

확인하기 단어를 순서대로 써 보세요.

| like | chicken. | I |

I like + oranges salad pizza .

① 나는 오렌지가 좋아.

oranges.

② 나는 샐러드가 좋아.

salad.

③ 나는 피자가 좋아.

pizza.

✓ 회화 표현 확인하기 우리말과 같은 뜻이 되도록 문장을 완성해 보세요.

① 나는 샐러드가 좋아.

② 나는 피자가 좋아.

③ 나는 오렌지가 좋아.

DAY 10

I don't like milk.

나는 우유가 싫어.

나는 토마토가 싫어.

오늘의 단어

milk 우유
tomato 토마토
cheese 치즈
carrot 당근

✓ 회화 표현 배우기 🔊 잘 듣고 큰 소리로 따라 읽어 보세요.

I like + 음식. ↔ I don't like + 음식.

해석 나는 ~ 좋아. 나는 ~ 안 좋아[싫어].

I don't like milk. 나는 우유가 싫어.

◎ 'I don't like+ 음식' 말하기 ◎

내가 싫어하는 음식을
말할 때는 'I don't like+음식'
이라고 말해요.
음식 외에도 싫어하는 것을
말할 때 I don't like로 말해요.
don't는 do not을 줄인
표현이에요.

확인하기 단어를 순서대로 써 보세요.

×

| like | milk. | do | I | not |

....

....

32

I don't
like **+** tomatoes cheese carrots ·

① 나는 토마토가 싫어.

×   .... tomatoes. ....

② 나는 치즈가 싫어.

×   .... cheese. ....

③ 나는 당근이 싫어.

×   .... carrots. ....

✓ 회화 표현 확인하기 우리말과 같은 뜻이 되도록 문장을 완성해 보세요.

① 나는 당근이 싫어.

....

② 나는 치즈가 싫어.

....

③ 나는 토마토가 싫어.

....

DAY 11

I have a pencil.

나는 연필이 있어.

나는 풀이 있어.

오늘의 단어

have 가지고 있다
pencil 연필
glue 풀
eraser 지우개
book 책

✓ **회화 표현 배우기** 🔊)) 잘 듣고 큰 소리로 따라 읽어 보세요.

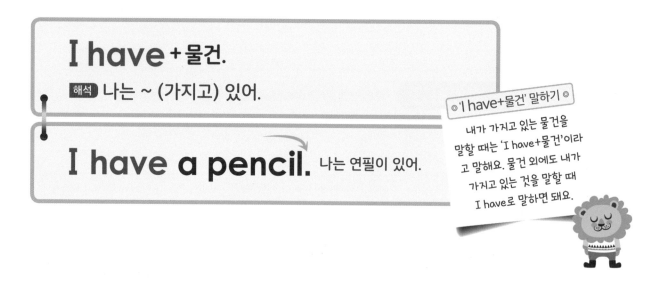

I have + 물건.

해석 나는 ~ (가지고) 있어.

I have a pencil. 나는 연필이 있어.

◎ 'I have+물건' 말하기 ◎

내가 가지고 있는 물건을 말할 때는 'I have+물건'이라고 말해요. 물건 외에도 내가 가지고 있는 것을 말할 때 I have로 말하면 돼요.

확인하기 단어를 순서대로 써 보세요.

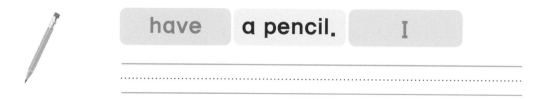

| have | a pencil. | I |

I have + glue an eraser a book .

＊ a나 an은 '하나, 한 개'를 나타내는 말이에요. 단, 풀은 셀 수 없어서 a나 an을 못 써요.

1 나는 풀이 있어.

glue.

2 나는 지우개가 있어.

an eraser.

3 나는 책이 있어.

a book.

✓ 회화 표현 확인하기   우리말과 같은 뜻이 되도록 문장을 완성해 보세요.

1 나는 책이 있어.

2 나는 지우개가 있어.

3 나는 풀이 있어.

I don't have a pen.

난 펜이 없어.

난 공책이 없어.

오늘의 단어

pen 펜
ruler 자
scissors 가위
notebook 공책

✓ **회화 표현 배우기** 🔊 잘 듣고 큰 소리로 따라 읽어 보세요.

I have + 물건. ↔ I don't have + 물건.

해석 나는 ~ (가지고) 있어. 나는 ~가 없어.

I don't have a pen.

나는 펜이 없어.

◎ 'I don't have+
물건' 말하기 ◎

내게 없는 물건을 말할 때는
'I don't have+물건'이라고
말해요. don't는 do not을
줄인 표현이에요.

확인하기 단어를 순서대로 써 보세요.

| have | a pen. | do | I | not |

✕
....

🔊 빈칸에 **I don't have**를 쓰고, 문장을 들으며 읽어 보세요.

I don't
have

\+ a ruler   scissors   a notebook .

* 가위는 가위 날 두 개가 항상 하나를 이루는 물건이라 복수형(-s)으로 써요.

1 ✕ 나는 자가 없어.
a ruler.

2 ✕ 나는 가위가 없어.
scissors.

3 ✕ 나는 공책이 없어.
a notebook.

회화 표현 확인하기 우리말과 같은 뜻이 되도록 문장을 완성해 보세요.

1 나는 자가 없어.

2 나는 공책이 없어.

3 나는 가위가 없어.

REVIEW 3

A 우리말과 일치하는 표현을 찾아 연결하세요.

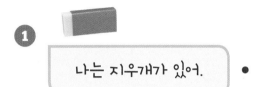

1 나는 지우개가 있어. •

• I have a pencil.

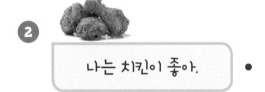

2 나는 치킨이 좋아. •

• I have an eraser.

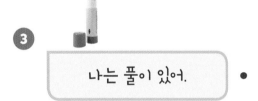

3 나는 풀이 있어. •

• I like chicken.

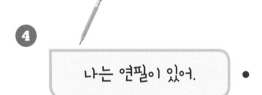

4 나는 연필이 있어. •

• I like pizza.

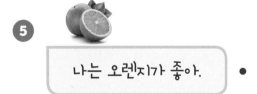

5 나는 오렌지가 좋아. •

• I have glue.

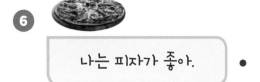

6 나는 피자가 좋아. •

• I like oranges.

B 단어를 선택하여 문장을 완성해 보세요.

I don't like have + milk tomatoes cheese a ruler a notebook scissors .

① 나는 우유가 싫어.

② 나는 공책이 없어.

③ 나는 자가 없어.

④ 나는 치즈가 싫어.

⑤ 나는 토마토가 싫어.

⑥ 나는 가위가 없어.

I can skate.

● 할 수 있는 것 말하기

나는 스케이트 탈 수 있어.

나는 수영할 수 있어.

오늘의 단어

can 할 수 있다
skate 스케이트를 타다
swim 수영하다
dance 춤을 추다
sing 노래하다

✓ **회화 표현 배우기** 🔊 잘 듣고 큰 소리로 따라 읽어 보세요.

I can + 동사.

해석 나는 ~ 할 수 있어.

I can skate. 나는 스케이트 탈 수 있어.

◎ 'I can+동사' 말하기 ◎

나는 할 수 있다고 말할 때는 'I can+동사' 라고 말해요.

확인하기 단어를 순서대로 써 보세요.

can	skate.	I

I can + swim dance sing .

* can 뒤에는 항상 동사원형을 써야 해요.

1 나는 수영할 수 있어.

swim.

2 나는 춤출 수 있어.

dance.

3 나는 노래할 수 있어.

sing.

✓ 회화 표현 확인하기 우리말과 같은 뜻이 되도록 문장을 완성해 보세요.

1 나는 노래할 수 있어.

2 나는 수영할 수 있어.

3 나는 춤출 수 있어.

I can't run fast.

● 할 수 없는 것 말하기

난 빨리 못 뛰어.

난 점프를 못 해.

오늘의 단어

run 뛰다, 달리다
fast 빨리
ski 스키 타다
dive 다이빙하다
jump 뛰다, 점프하다

✓ **회화 표현 배우기** 🔊 잘 듣고 큰 소리로 따라 읽어 보세요.

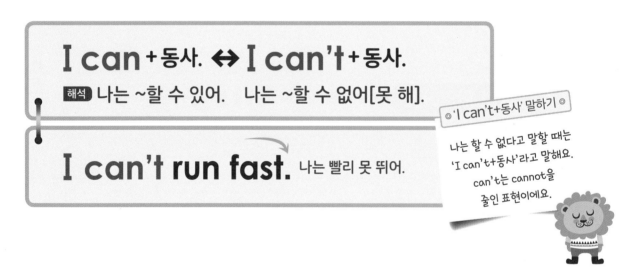

I can + 동사. ↔ I can't + 동사.

해석 나는 ~할 수 있어.   나는 ~할 수 없어[못 해].

I can't run fast. 나는 빨리 못 뛰어.

◎ 'I can't+동사' 말하기 ◎

나는 할 수 없다고 말할 때는
'I can't+동사'라고 말해요.
can't는 cannot을
줄인 표현이에요.

확인하기 단어를 순서대로 써 보세요.

| can | run fast. | I | not |

* can't 뒤에도 항상 동사원형을 써야 해요.

① 나는 스키 못 타.

.... ski.

② 나는 다이빙을 못 해.

.... dive.

③ 나는 점프를 못 해.

.... jump.

✅ 회화 표현 확인하기 우리말과 같은 뜻이 되도록 문장을 완성해 보세요.

① 나는 점프를 못 해.

....

② 나는 스키 못 타.

....

③ 나는 다이빙을 못 해.

....

Be quiet, please.

● 지시하기

조용히 해 주세요.

줄을 서 주세요.

오늘의 단어

quiet 조용한
please 주세요, 제발
line up 줄을 서다
stand up 서다
sit down 앉다

✓ **회화 표현 배우기** 🔊 잘 듣고 큰 소리로 따라 읽어 보세요.

동사, please.
해석 ~해 주세요.

Be quiet, please. 조용히 해 주세요.

◎ '동사, please' 말하기 ◎

무엇을 하라고 지시할 때는
'동사, please'라고 말해요.
동사만 말하면 딱딱한
명령조라서 please로
부드럽게 말해요.

확인하기 단어를 순서대로 써 보세요.

, please.	Be	quiet

🔊 빈칸에 **, please.** 를 쓰고, 문장을 들으며 읽어 보세요.

Line up   Stand up   Sit down   **+**   **, please.**

1 줄을 서 주세요.

Line up

2 일어서 주세요.

Stand up

3 앉아 주세요.

Sit down

회화 표현 확인하기 우리말과 같은 뜻이 되도록 문장을 완성해 보세요.

1 앉아 주세요.

2 일어서 주세요.

3 줄을 서 주세요.

Don't push, please.

● 금지하기

줄을 서 주세요.

밀지 마세요.

오늘의 단어

push 밀다
talk 말하다
touch 만지다
late 늦은

✓ **회화 표현 배우기** 🔊 잘 듣고 큰 소리로 따라 읽어 보세요.

동사+**please**. ↔ **Don't**+동사, **please**.

해석 ~해 주세요.　　　　　~하지 마세요.

Don't push, please. 밀지 마세요.

◎ 'Don't + 동사, please' 말하기 ◎

하지 말라고 금지할 때는 'Don't +동사, please'라고 해요. Don't는 Do not을 줄인 표현이에요. Please는 공손하게 부탁하는 의미가 있어요.

확인하기 단어를 순서대로 써 보세요.

| , please. | push | Do | not |

46

🔊 빈칸에 **Don't**와 **, please.**를 쓰고, 문장을 들으며 읽어 보세요.

Don't + talk / touch / be late **, please.**

1 말하지 마세요.

talk

2 만지지 마세요.

touch

3 늦지 마세요.

be late

✓ **회화 표현 확인하기** 우리말과 같은 뜻이 되도록 문장을 완성해 보세요.

1 늦지 마세요.

2 말하지 마세요.

3 만지지 마세요.

REVIEW 4

A 우리말과 일치하는 표현을 찾아 연결하세요.

1
밀지 마세요.   •

Sit down, please.

2
앉아 주세요.   •

I can skate.

3
나는 스케이트 탈 수 있어.   •

Don't push, please.

4
일어서 주세요.   •

I can't dive.

5
나는 다이빙을 못 해.   •

I can swim.

6
나는 수영할 수 있어.   •

Stand up, please.

B 각 두 단어 중 선택한 뒤 문장을 직접 써 보세요.

1 줄을 서 주세요.

Line   down,   please.

Stand   up,   late.

_____

2 나는 점프를 못해.

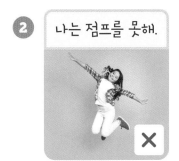

I   don't   jump.

It   can't   dance.

_____

3 나는 빨리 달릴 수 없어.

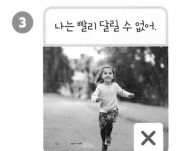

He   can   run   up.

I   can't   swim   fast.

_____

4 늦지 마세요.

Don't   be   quiet,   please.

Do   are   late,   too.

_____

DAY 17

I have a cooking class.

난 요리 수업이 있어.

난 요가 수업이 있어.

오늘의 단어

cooking 요리
class 수업
yoga 요가
math 수학
English 영어

✓ **회화 표현 배우기** 🔊 잘 듣고 큰 소리로 따라 읽어 보세요. ▪ ▪ ▪

I have + 수업.

해석 나는 ~있어.

I have a cooking class.

나는 요리 수업이 있어.

◎ 'I have+수업' 말하기 ◎

내가 하는 수업 활동을
말할 때는 'I have +수업'
이라고 해요.
I have는 '있다, 가지다'
로 자주 쓰여요.

확인하기 단어를 순서대로 써 보세요.

| have | a cooking class. | I |

50

I have + a yoga class a math class an English class .

1 나는 요가 수업이 있어.

a yoga class.

2 나는 수학 수업이 있어.

a math class.

3 나는 영어 수업이 있어.

an English class.

✔ 회화 표현 확인하기 우리말과 같은 뜻이 되도록 문장을 완성해 보세요.

1 나는 영어 수업이 있어.

2 나는 수학 수업이 있어.

3 나는 요가 수업이 있어.

I study every day.

● 생활 습관 말하기

난 매일 공부해.

난 매일 책을 읽어.

오늘의 단어

study 공부하다
every day 매일
get up 일어나다
early 일찍
read 읽다
keep a diary 일기를 쓰다

✓ 회화 표현 배우기 ◀》 잘 듣고 큰 소리로 따라 읽어 보세요.

I +동사+ every day.

해석 나는 매일 ~ 해.

I study every day. 나는 매일 공부해.

◎ 'I + 동사 + every day' 말하기 ◎

매일 하는 생활 습관을 말할 때는 'I+동사 +everyday'라고 해요. 사실 every day는 문장 뒤에만 오지 않고 문장 맨 앞에 써도 돼요.

확인하기 단어를 순서대로 써 보세요.

study   every day.   I

I + get up early | read a book | keep a diary | **every day.**

1 나는 매일 일찍 일어나.
get up early

2 나는 매일 책을 읽어.
read a book

3 나는 매일 일기를 써.
keep a diary

✓ 회화 표현 확인하기 우리말과 같은 뜻이 되도록 문장을 완성해 보세요.

1 나는 매일 책을 읽어.

2 나는 매일 일기를 써.

3 나는 매일 일찍 일어나.

DAY 19

It's time for school.

학교 갈 시간이야.

아침 먹을 시간이야.

07:40

오늘의 단어

time 시간
for ~하기 위한
school 학교
breakfast 아침 식사
lunch 점심 식사
bed 침대

✓ **회화 표현 배우기** 🔊 잘 듣고 큰 소리로 따라 읽어 보세요.

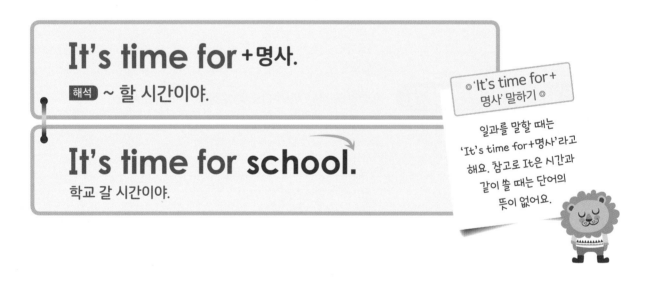

It's time for +명사.

해석 ~ 할 시간이야.

It's time for school.

학교 갈 시간이야.

◎ 'It's time for + 명사' 말하기 ◎

일과를 말할 때는 'It's time for+명사'라고 해요. 참고로 It은 시간과 같이 쓸 때는 단어의 뜻이 없어요.

확인하기 단어를 순서대로 써 보세요.

| time | school. | for | It | is |

....

....

54

It's
time for + breakfast lunch bed .

1. 아침 먹을 시간이야.
   breakfast.

2. 점심 먹을 시간이야.
   lunch.

3. 잠 잘 시간이야.
   bed.

회화 표현 확인하기 우리말과 같은 뜻이 되도록 문장을 완성해 보세요.

1. 아침 먹을 시간이야.

2. 잠 잘 시간이야.

3. 점심 먹을 시간이야.

Let's play soccer.

오늘의 단어

let ~하게 하다
play 놀다, 하다
soccer 축구
baseball 야구
go 가다
outside 밖으로
eat out 외식하다

우리 축구하자.

우리 야구하자.

✓ **회화 표현 배우기** 🔊 잘 듣고 큰 소리로 따라 읽어 보세요.

Let's + 동사.

해석 ~하자.

Let's play soccer. 축구하자.

◎ 'Let's+동사' 말하기

같이 하자고 제안할 때는
'Let's+동사'라고 해요.
Let's는 let us의 줄인
표현이지만 let us라고
쓰지는 않아요.

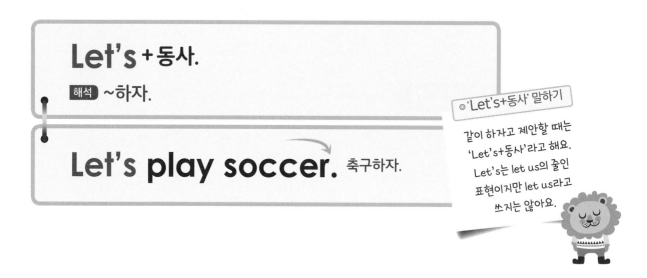

확인하기 단어를 순서대로 써 보세요.

play   Let's   soccer.

Let's + play baseball | go outside | eat out .

1 야구하자.
.... play baseball.

2 나가자.
.... go outside.

3 외식하자.
.... eat out.

✓ 회화 표현 확인하기 우리말과 같은 뜻이 되도록 문장을 완성해 보세요.

1 외식하자.

2 야구하자.

3 나가자.

REVIEW 5

A 우리말과 일치하는 표현을 찾아 연결하세요.

1

나는 매일 공부해. •

• I have a cooking class.

2

축구하자. •

• Let's go outside.

3

나는 요가 수업이 있어. •

• I study every day.

4

나가자. •

• Let's play soccer.

5

나는 요리 수업이 있어. •

• It's time for school.

6

학교 갈 시간이야. •

• I have a yoga class.

58

B 단어를 순서대로 배열하여 완전한 문장을 만들어 보세요.

1 English I class. an have

_____

2 for time It's bed.

_____

3 every a day. I book read

_____

4 lunch. It's for time

_____

5 early every I get up day.

_____

다음 짧은 회화 표현을 잘 듣고 따라 읽어 보세요. 그 다음에 직접 따라 써 보세요.

① 안녕하세요. 좋은 아침이에요.

....

＊ 만났을 때 인사는 주로 Hello.(안녕.)나 Hi.(안녕.)라고 해요.

② 좋은 아침이에요.

....

＊ 시간에 따라 아침에는 Good morning.(좋은 아침.), 점심에는 Good afternoon.(안녕.),
저녁에는 Good evening.(안녕.)이라고도 해요. 참고로 Good night은 자기 전에 말하면 '잘자'라는 뜻이에요.

③ 만나서 반가워.

....

＊ 처음 만나는 사람에게 인사할 때, Nice to meet you.(만나서 반가워.)라고 해요.

④ 나도 반가워.

....

＊ 대답은 Nice to meet you, too.(나도 반가워.)라고 해요. too는 나도 그렇다는 동의를 의미해요.

5 잘 가.

....

....

* 헤어질 때, 인사는 주로 Goodbye.(잘 가.)나 bye.(잘 가.)라고 해요.

6 또 만나.

....

....

* 대답할 때도 똑같이 Goodbye.(잘 가.)나 bye.(잘 가.)라고 해도 되고, See you again.(또 만나.)라고 말해도 돼요.

7 생일 축하해!

....

....

* 생일 축하한다고 말할 때, Happy birthday!(생일 축하해!)라고 해요.

8 마음껏 먹어!

....

....

* 생일 파티에 온 친구한테 음식을 맘껏 먹으라고 말할 때, Help yourself!(마음껏 먹어!)라고 해요.

Part 2

묻고 답하기 1
(답 위주)

영어 말하기를 배울 때 기억하세요!

1. 먼저 듣고 그대로 따라 읽어 보세요.
2. 문장 끝을 올리는지, 내리는지 주의하세요.

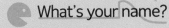

What's your name?

질문에 대답할 때 주의하세요!

1. 묻는 말에 맞춰서 답하므로 질문과 답을 짝을 이뤄 익혀요.

질문) What's **your** name? → 대답) **My** name is Jinho.
네 이름은 뭐니?　　　　　　　내 이름은 진호야.

2. 묻고 답할 때 질문의 동사에 맞게 대답해요.

질문) Who's she?　　　　　→ 대답) She **is** my mom.

질문) What **are** you doing?　→ 대답) I **am** singing.

DAY 21

My name is Jinho.

난 민지야. 네 이름은 뭐니?

내 이름은 진호야.

오늘의 단어

what 무엇
your 너의
name 이름

🔊 **오늘의 회화표현** 🔊 잘 듣고 큰 소리로 읽어 보세요. ✔

A : What's your name? 네 이름은 뭐니?
B : My name is Jinho. 내 이름은 진호야.

＊ What's는 What is를 줄인 말이에요. What으로 시작한 질문은 끝을 내려요.

✓ **회화 표현 배우기**

My name is +이름.

해석 내 이름은 ~야.

◎ 'What's your name?' 에 답하기 ◎

네 이름(your name)을 물으니, 내 이름(my name) 으로 대답해요. 또는 'I'm+ 이름'으로 답해도 돼요.

확인하기 단어를 순서대로 써 보세요.

| name | **Jinho.** | My | is |

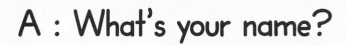
A : What's your name?

B : My name is   .

Minsu   Emma   Mary

＊ 이름의 첫 글자는 항상 대문자여야 해요.

1 What's your _____ ? 네 이름은 뭐니?

  내 이름은 민수야.

_____ Minsu.

2 What's _____ ? 네 이름은 뭐니?

  내 이름은 엠마야.

_____ Emma.

3 _____ ? 네 이름은 뭐니?

  내 이름은 메리야.

_____ Mary.

A : What's your name?
B : My name is + 이름.

name(이름) 대신 last name(성)이나 nickname(별명)을 묻고 답할 수 있어요.

A 우리말에 맞는 표현과 연결해 보세요.

1. 내 이름은 알빈이야. ● ● My last name is Brown.

2. 내 성은 브라운이야. ● ● My name is Alvin.

3. 네 별명은 뭐니? ● ● What's your last name?

4. 네 성은 뭐니? ● ● What's your nickname?

B 우리말에 알맞은 표현을 써 보세요.

1. 네 별명이 뭐니? (nickname)

2. 내 성은 힐이야. (last name, Hill)

3. 내 별명은 작은 곰이야. (Little Bear)

단어 last name 성 nickname 별명 little 작은 bear 곰

It's a ball.

● 무엇인지 묻고 답하기

이게 뭐니?

그것은 공이야.

오늘의 단어

this 이것
that 저것
ball 공
clock 시계
desk 책상
chair 의자

🔊 오늘의 회화표현   🔊 잘 듣고 큰 소리로 읽어 보세요.

A : What's this/that? 이것/저것은 뭐니?
B : It's a ball. 그것은 공이야.

＊ this(이것)은 가까운 사물을, that(저것)은 멀리 있는 사물을 가리켜요.
this나 that으로 묻는 말에는 it으로 대답해요.

✓ 회화 표현 배우기

◎ 'What's this?'에
답하기 ◎

물건을 물어볼 때
대답은 'It's+물건'
이라고 해요. It이 그 사물을
가리키는 말이죠.

It's + 물건.

해석 그것은 ~야.

확인하기 단어를 순서대로 써 보세요.

a ball.   is   It

A : What's this/that?

B : It's   .

a clock   a desk   a chair

＊ It's 뒤에는 하나를 나타내는 사물을 써요.

1 What's ＿＿＿＿＿＿＿＿＿＿? 이것은 뭐니?

 그것은 시계야.

＿＿＿＿＿＿＿＿＿ a clock. ＿＿＿＿＿＿＿

2 What's ＿＿＿＿＿＿＿＿＿＿? 저것은 뭐니?

 그것은 책상이야.

＿＿＿＿＿＿＿＿＿ a desk. ＿＿＿＿＿＿＿

3 ＿＿＿＿＿＿＿＿＿＿? 저것은 뭐니?

 그것은 의자야.

＿＿＿＿＿＿＿＿＿ a chair. ＿＿＿＿＿＿＿

A : What's this/that?

B : It's + 물건.

this/that와 명사를
함께 쓰면 더 자세하게
질문할 수 있어요.
대답은 it으로 똑같이 해요.

A 우리말에 맞는 표현과 연결해 보세요.

1 이 상자는 뭐니?   •   •   What's that smell?

2 그것은 내 책이야.   •   •   It's a fish.

3 저 냄새 뭐야?   •   •   What's this box?

4 그것은 생선이야.   •   •   It's my book.

B 우리말에 알맞은 표현을 써 보세요.

1 이 요리는 뭐니? (dish)

2 저 노래는 뭐니? (song)

3 그것은 내 가방이야. (my bag)

단어 box 상자 smell 냄새 fish 생선, 물고기 dish 요리, 접시 song 노래 bag 가방

It's blue.

● 색깔 묻고 답하기

그것은 무슨 색이니?

파란색이야.

오늘의 단어

color 색
blue 파란, 푸른
red 빨간, 붉은
yellow 노란, 노란색의
green 초록, 초록색의

🔊 **오늘의 회화표현** 🔊 잘 듣고 큰 소리로 읽어 보세요.

A : What color is it? 그것은 무슨 색이니?
B : It's blue. 그것은 파란색이야.

＊ What으로 시작한 질문은 끝음을 내려요. is it으로 물었으니 대답은 It's로 말해요.

✅ 회화 표현 배우기

It's + 색.
해석 그것은 ~이야.

◎ 'What color is it?'에 답하기 ◎

색깔을 물어볼 때 대답은 'It's + 색'이라고 하죠. It's는 It is의 줄인 표현이에요.

확인하기 단어를 순서대로 써 보세요.

| is | It | blue. |

A : What color is it?

B : It's   .

red   yellow   green

---

1   What _____ is it? 그것은 무슨 색이니?

 그것은 빨간색이야.

_____ red.

---

2   What _____ ? 그것은 무슨 색이니?

그것은 노란색이야.

_____ yellow.

---

3   _____ ? 그것은 무슨 색이니?

 그것은 초록색이야.

_____ green.

A : What color is it?

B : It's + 색.

구체적으로 물어볼 때는 it 자리에 그 사물을 써요. 대답도 색 앞에 light(연한), dark(어두운)을 추가하면 구체적이게 되어요.

A 우리말에 맞는 표현과 연결해 보세요.

1 네 가방은 무슨 색이니? •   • It's light brown.

2 네 우산은 무슨 색이니? •   • What color is your umbrella?

3 그것은 진한 갈색이야. •   • It's dark brown.

4 그것은 연한 갈색이야. •   • What color is your bag?

B 우리말에 알맞은 표현을 써 보세요.

1 네 머리카락은 무슨 색이니?

   ....

   ....

2 그것은 진한 빨간색이야.

   ....

   ....

3 그것은 밝은 초록색이야.

   ....

   ....

단어 umbrella 우산 dark 진한, 어두운 light 연한, 밝은 brown 갈색 hair 머리카락

DAY 24

It's two o'clock.

지금 몇 시예요?

두 시야.

오늘의 단어

time 시간
o'clock 시(정각)
one 1, 하나
two 2, 둘
six 6, 여섯
seven 7, 일곱

🔊 **오늘의 회화표현** 🔊 잘 듣고 큰 소리로 읽어 보세요.

A : What time is it? 몇 시니?
B : It's two o'clock. 두 시야.

* What time(몇 시)로 시작하는 질문은 말할 때 말 끝의 억양을 내려줘요.
물을 때 is it이 들어가 있으니 대답에 It's가 들어가야 해요.

✅ **회화 표현 배우기**

◎ 'What time is it?'에 답하기 ◎

시간을 나타내는 It은
주어 자리를 채워주는 역할로
해석은 따로 하지 않아요.
It's는 It is의 줄인 표현이에요.

It's +시각.

해석 ~시야.

확인하기 단어를 순서대로 써 보세요.

two   It   o'clock.   is

_____

···

_____

A : What time is it?

B : It's   .

one o'clock　　six o'clock　　seven o'clock

1 What _____ is it? 몇 시니?

1시야.

one o'clock.

2 What _____ ? 몇 시니?

6시야.

six o'clock.

3 _____ ? 몇 시니?

7시야.

seven o'clock.

A : What time is it?

B : It's + 시각.

시각을 분까지
답할 때는
시와 분을 순서대로
말하면 되어요.

A 우리말에 맞는 표현과 연결해 보세요.

① 지금 몇 시니? · · It's seven fifteen.

② 7시 15분이야. · · What time is it now?

③ 6시 20분이야. · · It's noon.

④ 12시야. · · It's six twenty.

B 우리말에 알맞은 표현을 써 보세요.

① 지금 몇 시니? (now)

② 6시 15분이야. (fifteen)

③ 7시 20분이야. (twenty)

단어   now 지금 fifteen 15, 열다섯 twenty 20, 스물 noon 정오, 낮 12시

It's Monday.

● 요일 묻고 답하기

무슨 요일이야?

월요일이야.

오늘의 단어

day 요일
Monday 월요일
Sunday 일요일
Friday 금요일
Tuesday 화요일

🔊 오늘의 회화표현 🔊 잘 듣고 큰 소리로 읽어 보세요.

A : What day is it? 무슨 요일이니?
B : It's Monday. 월요일이야.

＊ What day(무슨 요일)로 시작하는 질문은 말할 때 문장 끝의 억양을 내려줘요.
물을 때 is it이 들어가 있으니 대답에 It's가 들어가야 해요.

✓ 회화 표현 배우기

◎ 'What day is it?'에
답하기 ◎

요일을 나타내는 It은 주어
자리를 채워주는 역할로
해석은 따로 하지 않아요.
It's는 It is의 줄인 표현이에요.

It's + 요일.
해석 ~요일이야.

확인하기 단어를 순서대로 써 보세요.

Monday.   It   is

A : What day is it?

B : It's **SUN** Sunday **FRI** Friday **TUE** Tuesday .

* 요일의 첫 글자는 항상 대문자로 써야 해요.

1 What _____ is it? 무슨 요일이니?

SUN 일요일이야.
Sunday.

2 What _____? 무슨 요일이니?

FRI 금요일이야.
Friday.

3 _____? 무슨 요일이니?

TUE 화요일이야.
Tuesday.

A : What day is it?

B : It's + 요일.

today(오늘),
tomorrow(내일)을
덧붙이면 더 자세하게
말을 할 수 있어요.

A 우리말에 맞는 표현과 연결해 보세요.

1 오늘은 무슨 요일이니? •   • It's Monday today.

2 토요일이야. •   • What day is it today?

3 수요일이야. •   • It's Saturday.

4 오늘은 월요일이야. •   • It's Wednesday.

B 우리말에 알맞은 표현을 써 보세요.

1 내일은 무슨 요일이니?

2 내일은 목요일이야.

3 오늘은 토요일이야.

단어 Saturday 토요일 Wednesday 수요일 today 오늘 tomorrow 내일 Thursday 목요일

REVIEW 6

A 질문에 어울리는 답을 찾아 연결하세요.

1

What's your name? •

• It's green.

2

What's this? •

• My name is Emna.

3

What color is it? •

• It's a clock.

4

What day is it? •

• It's a chair.

5

What time is it? •

• It's Sunday.

6

What's that? •

• It's six o'clock.

B 단어를 순서대로 배열하여 완전한 문장을 만들어 보세요.

1 | a | It | watch. | is |

2 | is | My | Mary. | name |

3 | name? | your | What's |

4 | day | it? | What | is |

5 | time | it? | What | is |

C 각 두 단어 중 선택한 뒤 문장을 직접 써 보세요.

1 7시야.

It's   six   o'clock.

I'm   seven   time.

----

2 그것은 무슨 색이니?

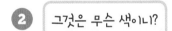

What   day   are   it?

What   color   is   you?

....

3 그것은 공이야.

I'm   a   ball.

It's   your   watch.

....

4 내 이름은 민수야.

My   color   is   Minsu.

Your   name   are   yellow.

....

It's sunny.

● 날씨 묻고 답하기

화창해.

오늘 날씨는 어때요?

오늘의 단어

how 어떻게, 어떠하여
weather 날씨
sunny 화창한
cloudy 흐린, 구름이 잔뜩 낀
windy 바람이 부는
rainy 비가 오는

🔊 오늘의 회화표현　🔊 잘 듣고 큰 소리로 읽어 보세요.

A : How's the weather? 날씨가 어떠니?
B : It's sunny. 화창해.

＊ How's는 How is의 줄임말로, How(어떻게)로 시작하는 질문은 말할 때 끝을 내려줘요.

✓ 회화 표현 배우기

It's + 날씨.

해석 (날씨가) ~해.

◎ 'How's the weather?'
에 답하기 ◎

날씨를 묻는 질문에도
'It's + 날씨'로 대답해요.
It's는 It is의
줄인 표현이에요.

확인하기 단어를 순서대로 써 보세요.

sunny.　　　It　　　is

A : How's the weather?

B : It's   .

cloudy   windy   rainy

---

1   How's the _____ ? 날씨가 어떠니?

   (날씨가) 흐려.

_____ cloudy. _____

---

2   How's _____ ? 날씨가 어떠니?

   바람이 불어.

_____ windy. _____

---

3   _____ ? 날씨가 어떠니?

   비가 내려.

_____ rainy. _____

A : How's the weather?
B : It's + 날씨.

cold(추운),
cool(시원한),
warm(따뜻한),
hot(더운) 등
다양한 날씨 표현도 있어요.

A 우리말에 맞는 표현과 연결해 보세요.

1 오늘은 추워. • • It's snowy.

2 아주 따뜻하네. • • It's very warm.

3 오늘 날씨가 어떠니? • • It's cold today.

4 눈이 와. • • How's the weather today?

B 우리말에 알맞은 표현을 써 보세요.

1 오늘 날씨가 어떠니? (today)

2 정말 추워. (very cold)

3 정말 더워. (very hot)

단어 cold 추운 very 아주, 정말 warm 따뜻한 snowy 눈이 오는 hot 더운

84

She's my mom.

우리 엄마야.

누구셔?

오늘의 단어

who 누구, 누가
mom 엄마
dad 아빠
brother 형, 오빠, 남동생
sister 누나, 언니, 여동생

◀)) **오늘의 회화표현** ◀)) 잘 듣고 큰 소리로 읽어 보세요.

A : Who's she? 그녀는 누구니?

B : She's my mom. 그녀는 나의 엄마야.

＊ Who(누구)로 시작하는 질문은 물을 때 문장 끝의 억양을 내려줘요.
묻는 말이 he이면 he로, she이면 she로 대답해요.

✓ **회화 표현 배우기**

He's/She's +my 관계.

해석 그/그녀는 나의 ~야.

◎ 'Who's he/she?'
에 답하기 ◎

가족의 성별에 따라
남자면 he,
여자면 she라고 해요.

확인하기 단어를 순서대로 써 보세요.

mom.   my   She   is

....

A : Who's he / she?

B : He's
She's
   .

my dad   my brother   my sister

* 남자는 he(그는)로, 여자는 she(그녀는)로 구분해서 써야 해요.

1 Who's ＿＿＿＿＿＿＿＿＿? 그는 누구니?

그는 나의 아빠야.

＿＿＿＿＿＿ my dad.

2 ＿＿＿＿＿＿＿＿＿? 그는 누구니?

그는 내 남동생이야.

＿＿＿＿＿＿ my brother.

3 ＿＿＿＿＿＿＿＿＿? 그녀는 누구니?

그녀는 내 여동생이야.

＿＿＿＿＿＿ my sister.

A : Who's he/she?

B : He's/She's + 가족관계.

> He(그)와 she(그녀) 말고 this(이분), that(저분)이라고 질문할 수 있어요.

A 우리말에 맞는 표현과 연결해 보세요.

1 이분은 누구니?   •   •   She's my aunt.

2 그녀는 나의 이모야.   •   •   Who's this?

3 저분은 누구니?   •   •   Who's that?

4 그는 나의 고모부야.   •   •   He's my uncle.

B 우리말에 알맞은 표현을 써 보세요.

1 저분은 누구니?
_____
....

2 그는 나의 이모부야. (my uncle)
_____
....

3 그녀는 나의 고모야. (my aunt)
_____
....

단어   this 이분 that 저분 aunt 이모, 고모 uncle 이모부, 고모부

DAY 28

I'm ten years old.

넌 몇 살이니?

10살이에요.

오늘의 단어

old 늙은
ten 10, 열
year 해, 연
eight 8, 여덟
nine 9, 아홉
eleven 11, 열하나

🔊 **오늘의 회화표현**   🔊 잘 듣고 큰 소리로 읽어 보세요.

A : How old are you? 너는 몇 살이니?

B : I'm ten years old. 나는 10살이야.

＊ How old로 시작하는 질문은 말할 때 문장 끝의 억양을 내려줘요.

✓ **회화 표현 배우기**

◎ 'How old are you?'
에 답하기 ◎

I'm +나이 +years old.

해석 나는 ~살이야.

나이를 묻는 질문에 'I'm + 나이 years old'라고 대답해요. 이 때 질문에 쓰인 'old'가 반복되는 것에 주의하세요.

확인하기 단어를 순서대로 써 보세요.

years	ten	I	old.	am

_____

....

_____

88

A : How old are you?

B : I'm   years old.

eight   nine   eleven

* years old는 우리말 '~세[살]'에 해당돼요. years에 s를 잊지 마세요.

1 How _____ are you? 너는 몇 살이니?

 나는 8살이야.

eight

2 How _____ ? 너는 몇 살이니?

 나는 9살이야.

nine

3 _____ ? 너는 몇 살이니?

 나는 11살이야.

eleven

A : How old are you?

B : I'm + 나이 + years old.

are you와 I'm 말고 she(그녀), he(그) 등을 써서 묻고 답할 수 있어요.

A 우리말에 맞는 표현과 연결해 보세요.

① 그는 몇 살이니? •

• He's twelve years old.

② 그는 12살이야. •

• How old is your sister?

③ 네 언니는 몇 살이니? •

• She's twelve years old.

④ 그녀는 12살이야. •

• How old is he?

B 우리말에 알맞은 표현을 써 보세요.

① 형은 몇 살이니? (your brother)

② 톰은 몇 살이니? (Tom)

③ 내 여동생은 7살이야. (my sister)

DAY 29

I'm cleaning windows.

무 하고 있어?

창문을 닦고 있어.

오늘의 단어

do 하다
clean 청소하다
window 창문
sing 노래하다
draw 그림 그리다
work out 운동하다

🔊 **오늘의 회화표현** 🔊 잘 듣고 큰 소리로 읽어 보세요.

A : What are you doing? 너는 (지금) 뭐하고 있니?

B : I'm cleaning windows. 나는 창문을 닦고 있어.

＊ What(무엇)으로 시작하는 질문은 말할 때 문장 끝의 억양을 내려줘요.
are you가 들어간 질문이니 I'm으로 답해야 해요.

✓ **회화 표현 배우기**

◎ 'What are you doing?'
에 답하기 ◎

are you doing으로
물으니, I'm 동사-ing로
대답해요.

I'm + 동사 -ing.

해석 나는 ~하고 있어[중이야].

확인하기 단어를 순서대로 써 보세요.

cleaning   I   **windows.**   am

_____

....

A : What are you doing?

B : I'm   .

singing   drawing   working out

* 지금 하고 있는 중일 때는 am(be동사) 다음에 동사-ing 형태를 써요.

1 What are you _____? 너는 (지금) 뭐하고 있니?

나는 노래 부르고 있어.

.... singing.

2 What _____? 너는 (지금) 뭐하고 있니?

나는 그림 그리고 있어.

.... drawing.

3 _____? 너는 (지금) 뭐하고 있니?

나는 운동하고 있어.

.... working out.

A : What are you doing?
B : I'm + 동사-ing.

now(지금)나 here(여기서)를 덧붙이면 좀 더 자세하게 질문할 수 있어요.

A 우리말에 맞는 표현과 연결해 보세요.

1 너는 지금 뭐하고 있니? •

2 너는 여기서 뭐하고 있니? •

3 나는 피자 먹고 있어. •

4 나는 샤워 중이야. •

• I'm taking a shower.

• I'm eating pizza.

• What are you doing now?

• What are you doing here?

B 우리말에 알맞은 표현을 써 보세요.

1 너는 거기서 뭐하고 있니? (there)

2 나는 저녁 먹고 있어. (eating dinner)

3 나는 목욕 중이야. (taking a bath)

단어 here 여기 there 거기 eat 먹다 dinner 저녁 식사 take a shower 샤워하다 take a bath 목욕하다

DAY 30

He's playing a game.

오빠는 뭐해?

게임하고 있어요.

오늘의 단어

play 놀다, 하다
game 게임
watch 보다
TV 텔레비전
sleep 자다

🔊 **오늘의 회화표현** 🔊 잘 듣고 큰 소리로 읽어 보세요.

A : What is he doing? 그는 (지금) 뭐하고 있니?
B : He's playing a game. 그는 게임을 하고 있어.

＊ What(무엇)으로 시작하는 질문은 말할 때 문장 끝의 억양을 내려줘요.
is he나 is she로 질문하면 He's나 She's로 답해야 해요.

✅ **회화 표현 배우기**

◎ 'What is he/she doing?'에 답하기 ◎

He's/She's +동사-ing.
해석 그/그녀는 ~하고 있어.

성별에 따라
남자는 he, 여자는 she로
묻고 답해요.

확인하기 단어를 순서대로 써 보세요.

a game. playing He is

_____

_____

_____

A : What is he/she doing?

B : He's/She's   .

studying   watching TV   sleeping

＊이름의 첫 글자는 항상 대문자여야 해요.

1   What is _____ doing? 그녀는 (지금) 뭐하고 있니?

   그녀는 공부하고 있어.

studying.

2   What is _____ ? 그녀는 (지금) 뭐하고 있니?

   그녀는 TV 보고 있어.

watching TV.

3   _____ ? 그는 (지금) 뭐하고 있니?

   그는 자고 있어.

sleeping.

A : What is <u>he/she</u> doing?

B : He's/She's + 동사-ing.

He/she 말고
이름, sister(여자형제),
brother(남자 형제)로
물어볼 수 있어요.

A 우리말에 맞는 표현과 연결해 보세요.

1 네 언니는 뭐하고 있니? •　　• What is your sister doing?

2 그녀는 샤워 중이야. •　　• He's eating dinner.

3 네 남동생은 뭐하고 있니? •　　• She's taking a shower.

4 그는 저녁을 먹고 있어. •　　• What is your brother doing?

B 우리말에 알맞은 표현을 써 보세요.

1 지미는 뭐하고 있니? (Jimmy)

2 그는 책 읽고 있어. (reading a book)

3 네 아버지는 뭐하고 있니? (your father)

A 질문에 어울리는 답을 찾아 연결하세요.

1
How old are you? • • She's my sister.

2
How's the weather? • • It's rainy.

3
Who's she? • • She's watching TV.

4
What is she doing? • • I'm eight years old.

5
What is she doing? • • He's sleeping.

6
What is he doing? • • She's singing.

B 단어를 순서대로 배열하여 완전한 문장을 만들어 보세요.

① cleaning   windows.   I'm

② you   What   doing?   are

③ old   are   you?   How

④ doing?   she   is   What

⑤ is   He   my   brother.

C 각 두 단어 중 선택한 뒤 문장을 직접 써 보세요.

1 나는 10살이야.

| I | ten | years | old. |
| I'm | seven | old | year. |

....

2 그는 게임을 하고 있어.

| He | are | playing | TV. |
| She | is | play | a game. |

....

3 그녀는 운동을 하고 있어.

| She | working | up. |
| She's | work | out. |

....

4 날씨가 어떠니?

| How's | the | color? |
| What's | cloudy | weather? |

....

다음 짧은 회화 표현을 잘 듣고 따라 읽어 보세요. 그 다음에 직접 따라 써 보세요.

1 (잘) 봐!

_____

....

　　　　　　＊ Look!(잘 봐!)와 Be careful!(조심해!)는 주의집중을 못 하고 있을 때, 쓰는 표현이에요.

2 조심해!

_____

....

3 미안해.

_____

....

　　　　　　　　　　　　　＊ 사과할 때, I'm sorry.(미안해.)라고 해요.

4 괜찮아.

_____

....

　　　　　　　　　　＊ 사과에 대답으로 용서할 때, That's okay.(괜찮아.)라고 해요.

5 뭐라고요?

....

* sorry는 '미안한'이라는 의미도 있지만, '뭐라고?'라는 의미로 되물을 때도 쓸 수 있어요.

6 잘 모르겠어요.

....

* 질문에 답할 때, 모른다면 I don't know.(몰라요.)라고 해요.

7 잘 했어!

....

* 칭찬할 때, Great!(잘 했어!)라고 표현하면 좋아요.

8 좋아![괜찮아!]

....

* 긍정하는 의미로 좋다고 할 때, Okay!(좋아!, 괜찮아!)라고 해요.

Part 3

묻고 답하기 2
(질문 위주)

영어 말하기를 배울 때 기억하세요!

① 먼저 듣고 그대로 따라 읽어 보세요.

② 문장 끝을 올리는지, 내리는지 주의하세요.

 Can you swim?

질문에 대답할 때 주의하세요!

① 묻는 말에 맞춰서 답하므로 질문과 답을 짝을 이뤄 익혀요.

질문) Are you happy? → 대답) Yes, I am.

너는 행복하니? 응, 나는 행복해.

② 묻고 답할 때 묻는 동사에 맞게 대답해요.

질문) Do you have a coat? → 대답) Yes, I do.

질문) Is this your cap? → 대답) Yes, it is.

Are you okay?

● 기분이나 상태 묻고 답하기

너 괜찮니?

네, 괜찮아요.

오늘의 단어

are ~이다
you 너
okay(= OK) 괜찮은
thirsty 목마른
sleepy 졸린
sick 아픈

🔊 **오늘의 회화표현**　🔊 잘 듣고 큰 소리로 읽어 보세요. ✔

A : Are you okay? 너 괜찮니?

B : Yes, I am. 응. / **No, I'm not.** 아니.

＊ Are you로 물으면, I am을 넣어서 답을 해야 해요. Are로 시작해서 물을 때 문장 끝을 올려 주세요.

✅ **회화 표현 배우기**

> **You are** +기분/상태. 너는~야.
> → **Are you** +기분/상태? 너는~이니?

질문할 때는
You are의 순서를
바꿔서 써요.

확인하기 단어를 순서대로 써 보세요.

| you | okay? | Are |

A : Are you   ?

thirsty   sleepy   sick

B : Yes, I am. / No, I'm not.

---

1 너 목마르니?

.... thirsty?

Yes, _____. 응. (목 말라.)

---

2 너 졸리니?

.... sleepy?

No, _____. 아니. (안 졸려.)

---

3 너 아프니?

.... sick?

No, _____. 아니. (안 아파.)

A : Are you 기분/상태?

B : Yes, I am. / No, I'm not.

still(계속, 여전히)나 now(지금)을 덧붙이면 좀 더 자세한 질문이 되어요.

A 우리말에 맞는 표현과 연결해 보세요.

1 너 아직 졸리니? •   • Yes, I am.

2 아니. (안 졸려.) •   • No, I'm not.

3 너 지금 바쁘니? •   • Are you still sleepy?

4 응. (바빠.) •   • Are you busy now?

B 주어진 단어를 포함해서 알맞은 표현을 써 보세요.

1 너 이제 괜찮니? (now)

2 너 아직 화난 거니? (upset)

3 너 이제 배부르니? (full)

단어 still 아직 busy 바쁜 now 지금 upset 화가 난 full 배부른

Is it a bear?

그거 곰이야?

응, 곰이야.

오늘의 단어

bear 곰
horse 말
pig 돼지
duck 오리

🔊 **오늘의 회화표현** 🔊 잘 듣고 큰 소리로 읽어 보세요.

A : Is it a bear? 그것은 곰이니?
B : Yes, it is. 응. / **No, it isn't.** 아니.

＊ Is로 시작해서 물을 때 문장 끝을 올려 주세요. Is it으로 물으면, It is으로 답해야 해요.

✅ **회화 표현 배우기**

It is +동물. 그것은 ~ 야.
→ **Is it** +동물? 그것이 ~ 니?

It is(~이다) 문장을
의문문으로 만들 때는
Is it으로 바꿔서
말해요.

확인하기 단어를 순서대로 써 보세요.

Is   a bear?   it

....
....

A : Is it a horse a pig a duck ?

B : Yes, it is. / No, it isn't.

1 그것은 말이니?

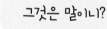 a horse?

Yes, _____. 응.

2 그것은 돼지니?

a pig?

No, _____. 아니.

3 그것은 오리니?

a duck?

No, _____. 아니.

A : Is it 동물?

B : Yes, it is. / No, it isn't.

my(나의), your(너의), pet(반려동물) 등 동물에 대해 구체적으로 물어볼 수 있어요.

A 우리말에 맞는 표현과 연결해 보세요.

1 그것은 너네 개니? •   • Yes, it is.

2 아니. •   • No, it isn't.

3 그것은 반려 고양이니? •   • Is it a pet cat?

4 응. •   • Is it your dog?

B 주어진 단어를 포함해서 알맞은 표현을 써 보세요.

1 그것은 반려견이니? (a pet dog)

....

2 그것은 네 고양이니? (your cat)

....

3 그것은 대형견이니? (big)

....

단어 dog 개 cat 고양이 pet 반려동물

DAY 33 Do you have a coat?

● 물건을 가지고 있는지 묻고 답하기

너 코트 있어?

아니, 없어.

오늘의 단어

coat 외투
shirt 셔츠
skirt 치마
hat 모자

🔊 **오늘의 회화표현** 🔊 잘 듣고 큰 소리로 읽어 보세요.

A : Do you have a coat? 너는 코트 있니?
B : Yes, I do. 응, 있어. **/ No, I don't.** 아니, 없어.

＊ Do you로 물으면, I do를 넣어서 답을 해야 해요. Do you로 시작해서 물을 때 문장 끝을 올려 주세요.
don't는 do not을 줄인 말이예요.

✓ **회화 표현 배우기**

You have + 물건. 너는 (~가지고) 있어.
→ Do you have + 물건? 너는 (~가지고) 있니?

You have을 물을 때
문장 맨 앞에
Do를 써 줘요.

확인하기 단어를 순서대로 써 보세요.

| you | have | **a coat?** | Do |

A : Do you have   ?

a shirt   a skirt   a hat

B : Yes, I do. / No, I don't.

1
너는 셔츠 있니?

 a shirt?

Yes, _____ . 응, 있어.

2
너는 치마 있니?

a skirt?

Yes, _____ . 응, 있어.

3
너는 모자 있니?

 a hat?

No, _____ . 아니, 없어.

A : Do you have 물건?

B : Yes, I do. / No, I don't.

색깔(white, yellow)이나 형태(long, short) 등으로 물건을 구체적으로 물어볼 수 있어요.

A 우리말에 맞는 표현과 연결해 보세요.

1 너는 긴 외투 있니? •	•	Yes, I do.
2 아니, 없어. •	•	Do you have a white shirt?
3 너는 흰색 셔츠 있니? •	•	No, I don't.
4 응, 있어. •	•	Do you have a long coat?

B 주어진 단어를 포함해서 알맞은 표현을 써 보세요.

1 너는 노란 모자 있니? (yellow)

......

2 너는 긴 치마 있니? (long)

......

3 너는 짧은 치마 있니? (short)

......

단어 white 흰

112

Do you like eggs?

달걀을 좋아해?

응, 좋아해.

오늘의 단어

egg 계란, 달걀
fish 생선
hamburger 햄버거
fruit 과일

🔊 오늘의 회화표현   🔊 잘 듣고 큰 소리로 읽어 보세요.

A : Do you like eggs? 너는 달걀을 좋아해?

B : Yes, I do. 응, 좋아해. **/ No, I don't.** 아니, 안 좋아해.

＊ Do you로 물으면, I do를 넣어서 답을 해야 해요. Do you로 물을 때 문장 끝의 억양을 올려줘요.

✓ 회화 표현 배우기

You like +음식. 너는 ~를 좋아해.
→ Do you like +음식? (너는) ~를 좋아해?

You are로 물을 때
순서를 바꿔서 써요.

확인하기   단어를 순서대로 써 보세요.

you   **eggs?**   Do   like

_____

A : Do you like   ?

fish   hamburgers   fruit

B : Yes, I do. / No, I don't.

* a bean (콩 한 개) beans (콩들) an apple(사과 한 개) apples(사과들)이라고 해요.

1  너는 생선을 좋아해?

_____ fish?

Yes, _____. 응, 좋아해.

2   너는 햄버거를 좋아해?

_____ hamburgers?

No, _____. 아니, 안 좋아해.

3 너는 과일을 좋아해?

_____ fruit?

Yes, _____. 응, 좋아해.

A : Do you like 음식?
B : Yes, I do. / No, I don't.

셀 수 있는 음식은
a/an,-s/-es를 꼭 붙이고,
셀 수 없는 음식은 단어
그대로 쓰면 되어요.

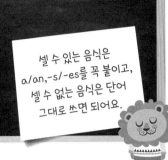

A 우리말에 맞는 표현과 연결해 보세요.

1 너는 사과를 좋아해? •	•	Do you like apples?
2 너는 계란 프라이를 좋아해? •	•	No, I don't.
3 너는 야채를 좋아해? •	•	Do you like vegetables?
4 아니, 안 좋아해. •	•	Do you like fried eggs?

B 주어진 단어를 포함해서 알맞은 표현을 써 보세요.

1 너는 토마토를 좋아해? (tomatoes)

----

2 너는 어묵을 좋아해? (fish cakes)

----

3 너는 아이스크림을 좋아해? (ice cream)

단어 apple 사과 vegetable 야채, 채소 fried 튀긴 fish cake 어묵 ice cream 아이스크림

Do you want some bread?

● 음식 권하고 이에 답하기

빵 좀 먹을래?

아니, 괜찮아요.
배불러요.

오늘의 단어

want 원하다
some 약간의
bread 빵
cake 케이크
jelly 젤리
cookie 쿠키, 비스킷
thank 감사하다, 고맙다

🔊 오늘의 회화표현   🔊 잘 듣고 큰 소리로 읽어 보세요.

A : Do you want some bread? 너 빵 좀 먹을래?

B : Yes, please. 네, 주세요. **/ No, thanks.** 아니요, 괜찮아요.

＊ Do you로 시작해서 물을 때 문장 끝의 억양을 올려 주세요. 거절할 때 I'm full.(배불러요.)라고 덧붙여도 좋아요.

✓ 회화 표현 배우기

You want +some 음식. 너는 ~을 원해.
→ Do you want +some 음식? 너 ~ 좀 먹을래?

You want로 물을 때
문장 맨 앞에 Do를 써 줘요.
'want + some 음식'하면
'먹고 싶니?'로 해석해요.

확인하기   단어를 순서대로 써 보세요.

you   want   Do   some   bread?

A : Do you want   ?

some cake   some jelly   some cookies

B : Yes, please. / No, thanks.

* Yes, I do. / No, I don't. 라고 답해도 돼요.

1   너 케이크 좀 먹을래?

_____ some cake?

Yes, _____. 네, 주세요.

2    너 젤리 좀 먹을래?

_____ some jelly?

Yes, _____. 네, 주세요.

3   너 쿠키 좀 먹을래?

_____ some cookies?

No, _____. 아니요, 괜찮아요.

A : Do you want some 음식?
B : Yes, please. / No, thanks.

> Some은 '좀, 약간'이라는 뜻으로 음식이 많이 있을 때 써요. 그래서 셀 수 있는 음식은 -s/-es를 꼭 붙이고, 셀 수 없는 음식은 단어 그대로 쓰면 되어요.

A 우리말에 맞는 표현과 연결해 보세요.

1. 너 디저트 좀 먹을래? ● ● Yes, please.

2. 네, 주세요. ● ● Do you want some dessert?

3. 너 물 좀 먹을래? ● ● No, thanks.

4. 아니, 괜찮아요. ● ● Do you want some water?

B 주어진 단어를 포함해서 알맞은 표현을 써 보세요.

1. 너 우유 좀 먹을래? (milk)
   ....

2. 너 컵케이크 좀 먹을래? (cupcakes)
   ....

3. 너 초콜릿 좀 먹을래? (chocolate)
   ....

단어　dessert 디저트　water 물　milk 우유　cupcake 컵케이크　chocolate 초콜릿

REVIEW 8

A 질문에 어울리는 답을 찾아 연결하세요.

1 ✕

Are you sleepy? •

• No, thanks.

2

Do you like eggs? •

• Yes, I do.

3 ✕

Do you want some bread? •

• No, it isn't.

4 ✕

Do you have a shirt? •

• No, I'm not.

5

Is it a duck? •

• No, I don't.

6 ✕

Is it a horse? •

• Yes, it is.

B   단어를 순서대로 배열하여 완전한 문장을 만들어 보세요.

1   you   Are   okay?

_____

2   coat?   have   Do   a   you

_____

3   fish?   like   you   Do

_____

4   it   pig?   a   Is

_____

5   want   you   Do   cake?   some

_____

C 각 두 단어 중 선택한 뒤 문장을 직접 써 보세요.

1

너 아프니?

Is   you   sick?

Are   it   thirsty?

2

너는 치마 있니?

Do   you   like   a   skirt?

Are   I   have   this   hat?

3

너 쿠키 좀 먹을래?

Is   you   want   some   cake?

Do   it   have   that   cookies?

4

그것은 곰이니?

Are   he   a   duck?

Is   it   my   bear?

How many dogs?

● 개수 묻고 답하기

개가 몇 마리야?

4마리!

오늘의 단어

many 많은
dog 개
cat 고양이
cup 컵
spoon 숟가락

🔊 **오늘의 회화표현**　🔊 잘 듣고 큰 소리로 읽어 보세요.

A : How many dogs? 개는 몇 마리니?
B : Four dogs. 4마리.

✓ **회화 표현 배우기**

A : How many + 동물/사물? ~는 몇 마리/몇 개니?
B : 숫자 + 동물/사물. ~ 몇 마리/몇 개.

How many 질문은 셀 수 있는 동물이나 물건들만 질문할 수 있어요. 한 개는 a/an을 붙이고, 두 개 이상은 -s/-es를 붙여요.

확인하기 단어를 순서대로 써 보세요.

dogs?　　many　　How

....

....

A : How many   ?

cats   cups   spoons

B : Two/Three/Four   cats/cups/spoons.

＊ How many 뒤에는 여러 개를 나타내는 단어를 써요. 대답은 숫자를 먼저 말해요.

1 고양이는 몇 마리니?

_____ cats?

_____. (고양이) 2마리.

2  컵은 몇 개니?

_____ cups?

_____. (컵) 3개.

3  숟가락은 몇 개니?

_____ spoons?

_____. (숟가락) 4개.

A : How many + 동물/사물?
B : 숫자 + 동물/사물.

동물과 사물에 따라
알맞은 단위
(자루, 대, 개, 권)로
해석하면 좋아요.

A 우리말에 맞는 표현과 연결해 보세요.

1 연필은 몇 자루니? •   • How many cars?

2 차는 몇 대니? •   • How many pencils?

3 포크는 몇 개니? •   • How many books?

4 책은 몇 권이니? •   • How many forks?

B 주어진 단어를 포함해서 알맞은 표현을 써 보세요.

1 표는 몇 장이니? (tickets)
_____
....

2 다리는 몇 개니? (legs)
_____
....

3 학생은 몇 명이니? (students)
_____
....

단어 car 차 fork 포크 ticket 티켓, 표 leg 다리 student 학생

Can you ride a bike?

오늘의 단어

ride ~을 타다
bike 자전거
play 놀다, 하다
piano 피아노
speak 말하다
fly 날리다, 날다
kite 연

🔊 오늘의 회화표현   🔊 잘 듣고 큰 소리로 읽어 보세요.

A : Can you ride a bike? 너는 자전거 탈 수 있니?

B : Yes, I can. 응, (탈 수) 있어. / No, I can't. 아니, 못 해.

＊ Can으로 물으면, can으로 답해요. Can으로 시작해서 물을 때 문장 끝을 올려 주세요.

✓ 회화 표현 배우기

You can +동작. 너는 ~할 수 있어.
→ Can you +동작? 너는 ~할 수 있니?

can으로 할 수 있는지
물을 때는
맨 앞에 써줘요.

확인하기 단어를 순서대로 써 보세요.

you   ride   Can   a bike?

....

A : Can you play the piano speak English fly a kite ?

B : Yes, I can. / No, I can't.

1

너는 피아노를 칠 수 있니?

_____ play the piano?

Yes, _____. 응, (칠 수) 있어.

2

너는 영어로 말할 수 있니?

_____ speak English?

Yes, _____. 응, (탈 수) 있어.

3

너는 연을 날릴 수 있니?

_____ fly a kite?

No, _____. 아니, (날리지) 못 해.

126

A : Can you 동작?
B : Yes, I can. / No, I can't.

Can you 다음에는
다양한 동사를 원형으로
물을 수 있어요.

A 우리말에 맞는 표현과 연결해 보세요.

1 너는 축구할 줄 아니? •   • Can you touch your toes?

2 너는 스케이트 탈 줄 아니? •   • Can you skate?

3 너는 영어로 쓸 수 있니? •   • Can you write in English?

4 너는 발가락 끝이 손에 닿니? •   • Can you play soccer?

B 주어진 단어를 포함해서 알맞은 표현을 써 보세요.

1 너는 내려 올 수 있니? (climb down)

2 너는 이것을 끝낼 수 있니? (finish this)

3 너는 테니스 칠 줄 아니? (play tennis)

단어   write 쓰다 touch 만지다, 닿다 climb down 기어 내려오다 finish 끝내다 play tennis 테니스 치다

Where is my phone?

내 핸드폰이 어디에 있지?

상자 위에 있네.

● 물건의 위치 묻고 답하기

오늘의 단어

where 어디에
phone 핸드폰
on ~위에
box 박스
umbrella 우산

◀)) **오늘의 회화표현** ◀)) 잘 듣고 큰 소리로 읽어 보세요.

A : Where is my phone? 내 핸드폰이 어디에 있지?

B : It's on the box. 그것은 상자 위에 있어.

＊ Where(어디)로 시작해서 물을 때 문장 끝의 억양을 내려 주세요.

✓ **회화 표현 배우기**

A : Where is +물건? ~가 어디에 있지?

B : It's on the +위치. 그것은 ~위에 있어.

'Where is ~?'
질문은 물건이
하나 일 때만
쓸 수 있어요.

확인하기 단어를 순서대로 써 보세요.

| phone? | Where | my | is |

A : Where is my bag my watch my umbrella ?

B : It's on the box.

1

내 가방이 어디에 있지?

my bag?

on the box. 그것은 상자 위에 있어.

2

내 시계가 어디에 있지?

my watch?

the box. 그것은 상자 위에 있어.

3

내 우산이 어디에 있지?

my umbrella?

. 그것은 상자 위에 있어.

A : Where is + 물건?

B : It's in/on the + 위치.

물건의 위치는
in(안에), on(~위에),
under(아래에) 등과 같이
쓸 수 있어요.

A 우리말에 맞는 표현과 연결해 보세요.

1 내 가방은 어디에 있지? •

2 내 새 모자는 어디에 있지? •

3 그것은 침대 위에 있어. •

4 그것은 내 가방 안에 있어. •

• It's in my bag.

• Where is my bag?

• It's on the bed.

• Where is my new cap?

B 주어진 단어를 포함해서 알맞은 표현을 써 보세요.

1 내 지갑이 어디에 있지? (my purse)

....

2 그것은 네 책상 위에 있어. (your desk)

....

3 그것은 내 서랍 안에 있어. (my drawer)

....

단어   new 새, 새로운   bed 침대   purse 지갑   drawer 서랍

Is this your cap?

오늘의 단어

shoe(s) 신발
sock(s) 양말
glove(s) 장갑

🔊 **오늘의 회화표현**　🔊 잘 듣고 큰 소리로 읽어 보세요.

A : Is this your cap? 이것은 네 모자니?
B : Yes, it is. 응. **/ No, it isn't.** 아니.

＊ Is this로 물으면, It is라고 답해요. Is로 시작하는 질문은 문장 끝의 억양을 올려 주세요.

✓ **회화 표현 배우기**

This is your +물건. 이것은 너의 ~야.
→ Is this your +물건? 이것은 네 ~이니?

This is ~ 문장을
질문할 때는
Is this로 써요.

확인하기　단어를 순서대로 써 보세요.

this　　cap?　　Is　　your

A : Is this your

shoe   sock   glove

?

B : Yes, it is. / No, it isn't.

* 신발, 양말과 장갑이 각각 두 짝이면 shoes, socks, gloves라고 써요.

1

이것은 네 신발이니?

shoe?

Yes, _____. 응.

2

이것은 네 양말이니?

sock?

No, _____. 아니.

3

이것은 네 장갑이니?

glove?

No, _____. 아니.

A : Is this your + 물건?

B : Yes, it is. / No, it isn't.

> 가까이 있는 것은 this(이것), 멀리 있는 것은 that(저것)으로 질문해요. 내 물건은 my(나의)를 써요.

A 우리말에 맞는 표현과 연결해 보세요.

1 저것은 네 책가방이니? • • Yes, it is.

2 응. • • No, it isn't.

3 이것이 내 자전거니? • • Is that your backpack?

4 아니. • • Is this my bike?

B 주어진 단어를 포함해서 알맞은 표현을 써 보세요.

1 여기가 내 방인가? (room)

2 이것은 네 마스크니? (mask)

3 저것은 네 새 자전거니? (new bike)

> 단어 backpack 책가방, 배낭 room 방 mask 마스크

What time do you go to school?

몇 시에 학교 가?

8시에.

오늘의 단어

to ~에, ~로
at ~에
come 오다
home 집

◀)) 오늘의 회화표현   ◀)) 잘 듣고 큰 소리로 읽어 보세요.

A : What time do you go to school? 너는 몇 시에 학교 가니?
B : At eight. 8시에.

* What time(몇 시)으로 물을 때 문장 끝의 억양을 내려줘요.

✓ 회화 표현 배우기

A : What time do you +일과? 너는 몇 시에 ~ 하니?
B : I +일과 + at 시각. 나는 …에 ~해.

Do you 앞에
What time 를 붙이면
시각을 묻는 말이에요.

확인하기 단어를 순서대로 써 보세요.

you   go to school?   What time   do

....

....

A : What time do you

come home

have dinner

go to bed

?

B : At two / six / ten.

* at(~에)은 시각 앞에 써요. 숫자 단어 뒤에 o'clock이 생략된 표현이에요.

1

몇 시에 집에 오니?

.... come home?

.... 2시에.

2

몇 시에 저녁을 먹니?

.... have dinner?

.... 6시에.

3

몇 시에 잠자리에 드니?

.... go to bed?

.... 10시에.

A : What time do you + 일과?

B : At + 시각.

do you 다음에는 일과를
표현하는 다양한 동사를
원형으로 물을 수 있어요.

A 우리말에 맞는 표현과 연결해 보세요.

1 너는 몇 시에 점심을 먹니? •   • At nine.

2 정오에. •   • What time do you have lunch?

3 너는 몇 시에 (가게를) 여니? •   • At noon.

4 9시에요. •   • What time do you open?

B 주어진 단어를 포함해서 알맞은 표현을 써 보세요.

1 몇 시에 아침을 먹니? (breakfast)
....

2 몇 시에 일어나니? (get up)
....

3 몇 시에 학교에 도착하니? (arrive at school)
....

단어   open 열다 arrive 도착하다

A 질문에 어울리는 답을 찾아 연결하세요.

1

Can you speak English? •

• Three cups.

2

How many cups? •

• It's in the box.

3

Where is my watch? •

• No, it isn't.

4

Is this your sock? •

• Yes, I can.

5

What time do you go to bed? •

• Two dogs.

6

How many dogs? •

• At ten.

B 단어를 순서대로 배열하여 완전한 문장을 만들어 보세요.

1 | a bike? | you | Can | ride |

_____

2 | my | phone? | Where | is |

_____

3 | come | you | What time | do | home? |

_____

4 | you | piano? | play | Can | the |

_____

5 | glove? | Is | your | this |

_____

C 각 두 단어 중 선택한 뒤 문장을 직접 써 보세요.

1 고양이는 몇 마리니?

How   many   cat?

Who   old   cats?

2 그것은 상자 위에 있어.

It's   on   the   dog.

I'm   in   many   box.

3 내 모자는 어디에 있지?

Where   are   my   clock?

How   is   your   cap?

4 너는 연을 날릴 수 있니?

Can   you   fly   some   kite?

Do   I   ride   a   bike?

다음 짧은 회화 표현을 잘 듣고 따라 읽어 보세요. 그 다음에 직접 따라 써 보세요.

1 나도 그래.

....

....

＊ 의견에 동의할 때, Me, too.(나도 그래.)라고 해요.

2 걱정하지 마.

....

....

＊ 걱정하고 있는 사람에게 위로의 말을 할 때, Don't worry.(걱정하지 마.)라고 해요.

3 고마워요.

....

....

＊ 도움을 받았을 때, Thank you.(고마워.)라고 해요.

4 천만에요.

....

....

＊ 고맙다는 말에 대답은 You're welcome.(천만에요.)이라고 해요.

5 어떻게 지내세요?[안녕하세요?]

_____

....

_____

* 안부를 묻거나, 인사로 How are you?(어떻게 지내세요?)라고 해요.

6 잘 지내요.[좋아요.]

_____

....

_____

* 안부에 긍정적인 대답으로 I'm good.(잘 지내요.)이라고 해요.

7 얼마에요?

_____

....

_____

* 물건을 사러 가서 가격을 물어볼 때, How much is it?(얼마에요?)라고 해요.

8 천원이에요.

_____

....

_____

* 가격을 말할 때, It's ~.(~이에요.)라고 해요.

Part 1 한 문장으로 말하기

DAY 01 I'm Minji.

✓ 회화 표현 배우기

확인하기 I am Minji.

✓ 회화 표현 연습하기

1 I'm Bomi.

2 I'm Jack.

3 I'm Amy.

✓ 회화 표현 확인하기

1 I'm Amy.

2 I'm Jack.

3 I'm Bomi.

DAY 02 I'm happy.

✓ 회화 표현 배우기

확인하기 I am happy.

✓ 회화 표현 연습하기

1 I'm sad.

2 I'm angry.

3 I'm surprised.

✓ 회화 표현 확인하기

1 I'm surprised.

2 I'm angry.

3 I'm sad.

DAY 03 I'm not tired.

✓ 회화 표현 배우기

확인하기 I am not tired.

✓ 회화 표현 연습하기

1 I'm not busy.

2 I'm not hungry.

3 I'm not cold.

✓ 회화 표현 확인하기

1 I'm not busy.

2 I'm not cold.

3 I'm not hungry.

DAY 04 It's fun.

✓ 회화 표현 배우기

확인하기 It is fun.

✓ 회화 표현 연습하기

1 It's exciting.

2 It's boring.

3 It's scary.

✓ 회화 표현 확인하기

1 It's boring.

2 It's scary.

3 It's exciting.

REVIEW 1 DAY 01~04

A 1 I'm Bomi.

2 I'm happy.

3 It's fun.

4 I'm sad.

5 It's boring.

6 It's scary.

B 1 I'm not cold.

2 I'm surprised.

3 I'm not busy.

4 I'm not tired.

5 I'm Jack.

6 I'm angry.

DAY 05 **It's big.**

✅ 회화 표현 배우기

확인하기 It is big.

✅ 회화 표현 연습하기

1 It's small.

2 It's long.

3 It's short.

✅ 회화 표현 확인하기

1 It's small.

2 It's short.

3 It's long.

DAY 06 **He's tall.**

✅ 회화 표현 배우기

확인하기 He is tall.

✅ 회화 표현 연습하기

1 He's short.

2 She's pretty.

3 She's cute.

✅ 회화 표현 확인하기

1 She's cute.

2 She's pretty.

3 He's short.

DAY 07 **This is my father.**

✅ 회화 표현 배우기

확인하기 This is my father.

✅ 회화 표현 연습하기

1 This is my mother.

2 This is my friend.

3 This is my teacher.

✅ 회화 표현 확인하기

1 This is my teacher.

2 This is my mother.

3 This is my friend.

DAY 08 **He's a cook.**

✅ 회화 표현 배우기

확인하기 He is a cook.

✅ 회화 표현 연습하기

1 He's a nurse.

2 She's a vet.

3 She's a designer.

✅ 회화 표현 확인하기

1 He's a nurse.

2 She's a designer.

3 She's a vet.

REVIEW 2 DAY 05~08

A 1 It's big.

2 It's small.

3 He's tall.

4 He's a cook.

5 He's a nurse.

6 She's pretty.

B 1 She's a vet.

2 She's a designer.

3 This is my friend.

4 This is my father.

DAY 09 **I like chicken.**

✅ 회화 표현 배우기

확인하기 I like chicken.

✅ 회화 표현 연습하기

1 I like oranges.

2 I like salad.

3 I like pizza.

회화 표현 확인하기

1 I like salad.

2 I like pizza.

3 I like oranges.

DAY 10 **I don't like milk.**

회화 표현 배우기

확인하기 I do not like milk.

회화 표현 연습하기

1 I don't like tomatoes.

2 I don't like cheese.

3 I don't like carrots.

회화 표현 확인하기

1 I don't like carrots.

2 I don't like cheese.

3 I don't like tomatoes.

DAY 11 **I have a pencil.**

회화 표현 배우기

확인하기 I have a pencil.

회화 표현 연습하기

1 I have glue.

2 I have an eraser.

3 I have a book.

회화 표현 확인하기

1 I have a book.

2 I have an eraser.

3 I have glue.

DAY 12 **I don't have a pen.**

회화 표현 배우기

확인하기 I do not have a pen.

회화 표현 연습하기

1 I don't have a ruler.

2 I don't have scissors.

3 I don't have a notebook.

회화 표현 확인하기

1 I don't have a ruler.

2 I don't have a notebook.

3 I don't have scissors.

REVIEW 3 DAY 09~12

A 1 I have an eraser.

2 I like chicken.

3 I have glue.

4 I have a pencil.

5 I like oranges

6 I like pizza.

B 1 I don't like milk.

2 I don't have a notebook.

3 I don't have a ruler.

4 I don't like cheese.

5 I don't like tomatoes.

6 I don't have scissors.

DAY 13 **I can skate.**

회화 표현 배우기

확인하기 I can skate.

회화 표현 연습하기

1 I can swim.

2 I can dance.

3 I can sing.

회화 표현 확인하기

1 I can sing.

2 I can swim.

3 I can dance.

DAY 14 **I can't run fast.**

✓ 회화 표현 배우기

확인하기 I cannot run fast.

✓ 회화 표현 연습하기

1 I can't ski. .
2 I can't dive.
3 I can't jump.

✓ 회화 표현 확인하기

1 I can't jump.
2 I can't ski.
3 I can't dive.

DAY 15 **Be quiet, please.**

✓ 회화 표현 배우기

확인하기 Be quiet, please.

✓ 회화 표현 연습하기

1 Line up, please.
2 Stand up, please.
3 Sit down, please.

✓ 회화 표현 확인하기

1 Sit down, please.
2 Stand up, please.
3 Line up, please.

DAY 16 **Don't push, please.**

✓ 회화 표현 배우기

확인하기 Do not push, please.

✓ 회화 표현 연습하기

1 Don't talk, please.
2 Don't touch, please.
3 Don't be late, please.

✓ 회화 표현 확인하기

1 Don't be late, please.
2 Don't talk, please.

3 Don't touch, please.

REVIEW 4 DAY 13~16

A 1 Don't push, please.
 2 Sit down, please.
 3 I can skate.
 4 Stand up, please.
 5 I can't dive.
 6 I can swim.
B 1 Line up, please.
 2 I can't jump.
 3 I can't run fast.
 4 Don't be late, please.

DAY 17 **I have a cooking class.**

✓ 회화 표현 배우기

확인하기 I have a cooking class.

✓ 회화 표현 연습하기

1 I have a yoga class.
2 I have a math class.
3 I have an English class.

✓ 회화 표현 확인하기

1 I have an English class.
2 I have a math class.
3 I have a yoga class.

DAY 18 **I study every day.**

✓ 회화 표현 배우기

확인하기 I study every day.

✓ 회화 표현 연습하기

1 I get up early every day.
2 I read a book every day.
3 I keep a diary every day.

1 I read a book every day.

2 I keep a diary every day.

3 I get up early every day.

DAY 19 **It's time for school.**

확인하기 It is time for school.

1 It's time for breakfast.

2 It's time for lunch.

3 It's time for bed.

1 It's time for breakfast.

2 It's time for bed.

3 It's time for lunch.

DAY 20 **Let's play soccer.**

확인하기 Let's play soccer.

1 Let's play baseball.

2 Let's go outside.

3 Let's eat out.

1 Let's eat out.

2 Let's play baseball.

3 Let's go outside.

REVIEW 5 DAY 17~20

A 1 I study every day.

2 Let's play soccer.

3 I have a yoga class.

4 Let's go outside.

5 I have a cooking class.

6 It's time for school.

B 1 I have an English class.

2 It's time for bed.

3 I read a book every day.

4 It's time for lunch.

5 I get up early every day.

Part ❷ 묻고 답하기(답 위주)

DAY 21 **My name is Jinho.**

확인하기 My name is Jinho.

1 name, My name is Minsu.

2 your name, My name is Emma.

3 What's your name, My name is Mary.

A 1 My name is Alvin.

2 My last name is Brown.

3 What's your nickname?

4 What's your last name?

B 1 What's your nickname?

2 My last name is Hill.

3 My nickname is Little Bear.

DAY 22 **It's a ball.**

확인하기 It is a ball.

1 this, It's a clock.

2 that, It's a desk.

3 What's that, It's a chair.

A **1** What's this box?

2 It's my book.

3 What's that smell?

4 It's a fish.

B **1** What's this dish?

2 What's that song?

3 It's my bag.

DAY 23 It's blue.

회화 표현 배우기

확인하기 It is blue.

회화 표현 연습하기

1 color, It's red.

2 color is it, It's yellow.

3 What color is it, It's green.

회화 표현 확장하기

A **1** What color is your bag?

2 What color is your umbrella?

3 It's dark brown.

4 It's light brown.

B **1** What color is your hair?

2 It's dark red.

3 It's light green.

DAY 24 It's two o'clock.

회화 표현 배우기

확인하기 It is two o'clock.

회화 표현 연습하기

1 time, It's one o'clock.

2 time is it, It's six o'clock.

3 What time is it, It's seven o'clock.

회화 표현 확장하기

A **1** What time is it now?

2 It's seven fifteen.

3 It's six twenty.

4 It's noon.

B **1** What time is it now?

2 It's six fifteen.

3 It's seven twenty.

DAY 25 It's Monday.

회화 표현 배우기

확인하기 It is Monday.

회화 표현 연습하기

1 day, It's Sunday.

2 day is it, It's Friday.

3 What day is it, It's Tuesday.

회화 표현 확장하기

A **1** What day is it today?

2 It's Saturday.

3 It's Wednesday.

4 It's Monday today.

B **1** What day is it tomorrow?

2 It's Thursday tomorrow.

3 It's Saturday today.

REVIEW 6 DAY 21~25

A **1** My name is Emma.

2 It's a clock.

3 It's green.

4 It's Sunday.

5 It's six o'clock.

6 It's a chair.

B **1** It is a watch.

2 My name is Mary.

3 What's your name?

4 What day is it?

5 What time is it?

C 1 It's seven o'clock.

2 What color is it?

3 It's a ball.

4 My name is Minsu.

DAY 26 **It's sunny.**

✅ 회화 표현 배우기

확인하기 It is sunny.

✅ 회화 표현 연습하기

1 weather, It's cloudy.

2 the weather, It's windy.

3 How's the weather, It's rainy.

✅ 회화 표현 확장하기

A 1 It's cold today.

2 It's very warm.

3 How's the weather today?

4 It's snowy.

B 1 How's the weather today?

2 It's very cold.

3 It's very hot.

DAY 27 **She's my mom.**

✅ 회화 표현 배우기

확인하기 She is my mom.

✅ 회화 표현 연습하기

1 he, He's my dad.

2 Who's he, He's my brother.

3 Who's she, She's my sister.

✅ 회화 표현 확장하기

A 1 Who's this?

2 She's my aunt.

3 Who's that?

4 He's my uncle.

B 1 Who's that?

2 He's my uncle.

3 She's my aunt.

DAY 28 **I'm ten years old.**

✅ 회화 표현 배우기

확인하기 I am ten years old.

✅ 회화 표현 연습하기

1 old, I'm eight years old.

2 old are you, I'm nine years old.

3 How old are you,

　 I'm eleven years old.

✅ 회화 표현 확장하기

A 1 How old is he?

2 He's twelve years old.

3 How old is your sister?

4 She's twelve years old.

B 1 How old is your brother?

2 How old is Tom?

3 My sister is seven years old.

DAY 29 **I'm cleaning windows.**

✅ 회화 표현 배우기

확인하기 I am cleaning windows.

✅ 회화 표현 연습하기

1 doing, I'm singing.

2 are you doing, I'm drawing.

3 What are you doing,

　 I'm working out.

회화 표현 확장하기

A **1** What are you doing now?

2 What are you doing here?

3 I'm eating pizza.

4 I'm taking a shower.

B **1** What are you doing there?

2 I'm eating dinner.

3 I'm taking a bath.

DAY 30 **He's playing a game.**

회화 표현 배우기

확인하기 He is playing a game.

회화 표현 연습하기

1 she, She's studying.

2 she doing, She's watching TV.

3 What is he doing, He's sleeping.

회화 표현 확장하기

A **1** What is your sister doing?

2 She's taking a shower.

3 What is your brother doing?

4 He's eating dinner.

B **1** What is Jimmy doing?

2 He's reading a book.

3 What is your father doing?

REVIEW 7 DAY 26~30

A **1** I'm eight years old.

2 It's rainy.

3 She's my sister.

4 She's singing.

5 She's watching TV.

6 He's sleeping.

B **1** I'm cleaning windows.

2 What are you doing?

3 How old are you?

4 What is she doing?

5 He is my brother.

C **1** I'm ten years old.

2 He is playing a game.

3 She's working out.

4 How's the weather?

Part 3 묻고 답하기(질문 위주)

DAY 31 **Are you okay?**

회화 표현 배우기

확인하기 Are you okay?

회화 표현 연습하기

1 Are you thirsty?, I am

2 Are you sleepy?, I'm not

3 Are you sick?, I'm not

회화 표현 확장하기

A **1** Are you still sleepy?

2 No, I'm not.

3 Are you busy now?

4 Yes, I am.

B **1** Are you okay now?

2 Are you still upset?

3 Are you full now?

DAY 32 **Is it a bear?**

회화 표현 배우기

확인하기 Is it a bear?

회화 표현 연습하기

1 Is it a horse?, it is

2 Is it a pig?, it isn't

3 Is it a duck?, it isn't

A **1** Is it your dog?

    2 No, it isn't.

    3 Is it a pet cat?

    4 Yes, it is.

B **1** Is it a pet dog?

    2 Is it your cat?

    3 Is it a big dog?

DAY 33 **Do you have a coat?**

확인하기 Do you have a coat?

    1 Do you have a shirt?, I do

    2 Do you have a skirt?, I do

    3 Do you have a hat?, I don't

A **1** Do you have a long coat?

    2 No, I don't.

    3 Do you have a white shirt?

    4 Yes, I do.

B **1** Do you have a yellow hat?

    2 Do you have a long skirt?

    3 Do you have a short skirt?

DAY 34 **Do you like eggs?**

확인하기 Do you like eggs?

    1 Do you like fish?, I do

    2 Do you like hamburgers?, I don't

    3 Do you like fruit?, I do

A **1** Do you like apples?

    2 Do you like fried eggs?

    3 Do you like vegetables?

    4 No, I don't.

B **1** Do you like tomatoes?

    2 Do you like fish cakes?

    3 Do you like ice cream?

DAY 35 **Do you want some bread?**

확인하기 Do you want some bread?

    1 Do you want some cake?, please

    2 Do you want some jelly?, please

    3 Do you want some cookies?, thanks

A **1** Do you want some dessert?

    2 Yes, please.

    3 Do you want some water?

    4 No, thanks.

B **1** Do you want some milk?

    2 Do you want some cupcakes?

    3 Do you want some chocolate?

REVIEW 8 DAY 31~35

A **1** No, I'm not.

    2 Yes, I do.

    3 No, thanks.

    4 No, I don't.

    5 Yes, it is.

    6 No, it isn't.

B 1 Are you okay?

   2 Do you have a coat?

   3 Do you like fish?

   4 Is it a pig?

   5 Do you want some cake?

C 1 Are you sick?

   2 Do you have a skirt?

   3 Do you want some cookies?

   4 Is it a bear?

DAY 36 **How many dogs?**

✅ 회화 표현 배우기

확인하기 How many dogs?

✅ 회화 표현 연습하기

1 How many cats?, Two cats

2 How many cups?, Three cups

3 How many spoons?, Four spoons

✅ 회화 표현 확장하기

A 1 How many pencils?

   2 How many cars?

   3 How many forks?

   4 How many books?

B 1 How many tickets?

   2 How many legs?

   3 How many students?

DAY 37 **Can you ride a bike?**

✅ 회화 표현 배우기

확인하기 Can you ride a bike?

✅ 회화 표현 연습하기

1 Can you play the piano?, I can

2 Can you speak English?, I can

3 Can you fly a kite?, I can't

✅ 회화 표현 확장하기

A 1 Can you play soccer?

   2 Can you skate?

   3 Can you write in English?

   4 Can you touch your toes?

B 1 Can you climb down?

   2 Can you finish this?

   3 Can you play tennis?

DAY 38 **Where is my phone?**

✅ 회화 표현 배우기

확인하기 Where is my phone?

✅ 회화 표현 연습하기

1 Where is my bag?, It's

2 Where is my watch?, It's on

3 Where is my umbrella?,

  It's on the box

✅ 회화 표현 확장하기

A 1 Where is my bag?

   2 Where is my new cap?

   3 It's on the bed.

   4 It's in my bag.

B 1 Where is my purse?

   2 It's on your desk.

   3 It's in my drawer.

DAY 39 **Is this your cap?**

✅ 회화 표현 배우기

확인하기 Is this your cap?

✅ 회화 표현 연습하기

1 Is this your shoe?, it is

2 Is this your sock?, it isn't

3 Is this your glove?, it isn't

A　**1** Is that your backpack?

　　2 Yes, it is.

　　3 Is this my bike?

　　4 No, it isn't.

B　**1** Is this my room?

　　2 Is this your mask?

　　3 Is that your new bike?

B　**1** Can you ride a bike?

　　2 Where is my phone?

　　3 What time do you come home?

　　4 Can you play the piano?

　　5 Is this your glove?

C　**1** How many cats?

　　2 It's on the box.

　　3 Where is my cap?

　　4 Can you fly a kite?

DAY 40　**What time do you go to school?**

확인하기 What time do you go to school?

　　1 What time do you come home?, At two

　　2 What time do you have dinner?, At six

　　3 What time do you go to bed?, At ten

A　**1** What time do you have lunch?

　　2 At noon.

　　3 What time do you open?

　　4 At nine.

B　**1** What time do you have breakfast?

　　2 What time do you get up?

　　3 What time do you arrive at school?

REVIEW 9　DAY 36~40

A　**1** Yes, I can.

　　2 Three cups.

　　3 It's in the box.

　　4 No, it isn't.

　　5 At ten.

　　6 Two dogs.